基金定投实战宝典

周小树◎编著

人民邮电出版社

北京

图书在版编目（CIP）数据

基金定投实战宝典 / 周小树编著. -- 北京：人民
邮电出版社，2019.6 （2021.2重印）
ISBN 978-7-115-50979-6

Ⅰ．①基… Ⅱ．①周… Ⅲ．①基金－投资－基本知识
Ⅳ．①F830.59

中国版本图书馆CIP数据核字（2019）第049782号

内 容 提 要

沃伦·巴菲特从不向他人推荐股票，但却多次向公众推荐基金定投这种方式。巴菲特说，基金定投非常适合普通投资者，长期参与基金定投，即便是不懂投资的人也能获取可观的收益。

本书共12章，主要内容包括："认识基金和基金公司""了解基金定投""基金定投的操作方法""手把手教你分析基金""手把手教你搞懂基金""市盈率策略定投法""挑选适合定投的优质主动型基金""创建优质基金种子库""智慧定投法之基金怎么买""智慧定投法之基金怎么卖""制订适合自身的基金定投计划""实用定投专题"。本书各章围绕基金定投展开，除了讲述基金定投的理论知识外，还通过实际操作、案例展示等方式，列出诸多可行性的基金定投计划和实施方案，帮助读者尽快掌握基金定投所需的各种技巧，制订真正适合自己的基金定投计划。

本书适合有投资需求的广大读者，尤其是具有股票和基金投资经历的散户，以及刚参加工作的人士阅读参考。

◆ 编　著　周小树
　　责任编辑　李士振
　　责任印制　周昇亮

◆ 人民邮电出版社出版发行　　北京市丰台区成寿寺路 11 号
　　邮编　100164　　电子邮件　315@ptpress.com.cn
　　网址　http://www.ptpress.com.cn
　　天津翔远印刷有限公司印刷

◆ 开本：700×1000　1/16
　　印张：13　　　　　　　　2019 年 6 月第 1 版
　　字数：259 千字　　　　　2021 年 2 月天津第 14 次印刷

定价：49.80 元

读者服务热线：**(010)81055296**　印装质量热线：**(010)81055316**
反盗版热线：**(010)81055315**
广告经营许可证：京东市监广登字 20170147 号

我是周小树，2009 年我 27 岁，开始研究基金定投，到目前为止已经持续参与基金定投 9 年多了。

在这 9 年多的时间里，我总结出了一套完整的基金定投实战方法，并称之为"周小树智慧定投法"。截至 2018 年 6 月，我的基金定投平均年化收益率约为 16.2%。很多读者搞不清 16.2% 的平均年化收益率是什么概念。举个例子：我从 27 岁开始每月拿出 1 000 元做基金定投，若能始终保持 16.2% 的年化收益率不变，持续定投到 60 岁退休时预计可获得约 1 491 万元的本金和收益。为什么会有这么多的收益？这正是基金定投的魅力所在，我在本书相关章节内会对此做详细解释，并教大家使用"智慧定投"方法一步步地实现自己的人生目标。在此特意提醒：我总结的这套"智慧定投"实战方法是可以复制的，我能获得16.2% 的收益，你也能。

经常有人问我，基金定投最适合哪些人使用？是不是要有很多钱才能参与？

我还是继续引用上述案例，用数据来回答这个问题。

若从 27 岁开始每月拿出 1 000 元做基金定投，一直持续到 60 岁退休，平均年化收益率按我创造的 16.2% 计算，通过 33 年的定投可获得约 1 491 万元的本金和收益。

有读者会说，自己已经 40 多岁了，不可能再定投如此长的时间了，如果缩短定投时间会怎样？

具体看下面数据：

每月定投 1 000 元，预期年化收益率 16.2%，定投 33 年，可获本金加收益为：1 491 万元；

每月定投 1 000 元，预期年化收益率 16.2%，定投 32 年，可获本金加收益为：1 269 万元；

每月定投 1 000 元，预期年化收益率 16.2%，定投 30 年，可获本金加收益为：918 万元；

每月定投 1 000 元，预期年化收益率 16.2%，定投 20 年，可获本金加收益为：177 万元；

…………

从以上数据可以看出，基金定投最终收益的多寡和定投时间的长短是有绝对关系的，若想获取较高的定投收益，最简单有效的方法就是延长定投时间。基于此，我来回答大家关切的问题：基金定投更适合年轻人使用，因为他们可定投的时间更长！

如果你现在 20 多岁，阅读本书、学习基金定投可以改变你一生的财务状况。从现在开始，使用科学的定投策略能为自己积累巨额的财富；

如果你已经 30 多岁，还不算晚，按照书中所讲的方法制订并执行适合自己的基金定投计划，也可以让自己的生活质量提升 N 个台阶；

如果你已经 40 多岁，无须嗟叹，你也可以从本书中找到一些捷径，用基金定投为自己未来的生活助一臂之力，对你的财富保值增值大有裨益；

如果你已经 50 多岁，那又怎样，你还可以动员自己的子女学习并参与基金定投。

接下来我们再谈谈基金定投的门槛问题。

基金定投最适合普通的有稳定收入的人群使用——用每月的工资结余来做基金定投，积少成多，利用基金定投的复利效力长期投资，从而获取更高的收益。

综上可以看出，基金定投最适合 20 多岁到 30 多岁的工薪人士使用。

有谨慎的读者可能会问，基金定投有风险吗？

在此，我负责任地告诉大家，只要是投资就会有风险，但基金定投的风险总体上是可控的。

判断某个投资产品或方法是否靠谱，有个通用的标准。该标准包含三个指标：风险、收益和流动性！在任何一种投资产品或投资方法中，这三个指标都不可能同时很好，也不可能同时很差。

比如，银行活期储蓄的优点是风险接近于零（风险低），账户中的资金可以随时提取（流动性好）。银行活期储蓄的缺点是利息很低（收益低）。所以活期存款这种投资方式牺牲了收益指标，而成全了低风险和高流动性两个指标。

我们再来看基金定投的这三项指标。基金定投四个字由两个词组成："基金"指其投资的产品，"定投"是其投资的方法。长期来看，使用基金定投能让投资者获取等同于股票市场平均值的收益，如果按照本书所讲的方法在不同市场行情下使用差异化的定投策略，则可以获取高于股票市场平均值的收益（收益高）。众所周知，单笔投资股票型基金的风险是较高的，但若以定投的方式分批买入股票型基金，则风险就会大大降低。同时，若使用本书所讲的"智慧定投"方法，还可以进一步摊薄成本、降低风险（风险低）。最后再看基金定投的流动性指标，基金是适合普通人长期投资的产品，基金定投更是长期中的长期。前面提到，我从 27 岁开始每月拿出 1 000 元做基金定投，若想获取高达 1 491 万元的本金和收益，必须在保持目前收益率不变的情况下坚持定投 33 年才行。由此可见，基金定投的流动性相当差。因此，基金定投牺牲了流动性，从而成全了高收益和低风险两个指标。

综上所述，基金定投是较为稳妥的投资方式，也是非常适合年轻"工薪族"使用的长期投资方式。希望读者真正把基金定投学透、用好，为自己的未来积累和创造更多的财富。

周小树

2019 年 3 月于南京

第 3 章　基金定投的操作方法

第 4 章　手把手教你分析基金

第5章 手把手教你搞懂基金

第1章

认识基金和基金公司

　　随着我国金融市场的进一步开放和投资者理财意识的逐年增强，越来越多的投资者也开始参与到市场的博弈中来。同时，各种金融产品层出不穷，从股票、债券到各类金融衍生品逐渐进入人们的视野，其中基金是众多投资产品中备受投资者瞩目的一类。那么到底什么是基金，到哪里去买基金呢？

1.1 基金的基本概念和获利原理

1.1.1 基金的基本概念

在日常生活中，人们多多少少都会接触到金融行业，对股票、债券、基金这些词有所耳闻。如下表中的银华永利债券 A（000287）和长信美国标普 100（519981）就是两只非常典型的债券型基金和指数型基金。净值单位为元，下同。

基金名称和代码	最新单位净值	昨日单位净值	涨幅
银华永利债券 A（000287）	1.22	1.212	0.66%
长信美国标普 100（519981）	1.27	1.255	1.51%

——数据来自东方财富网

基金通常指的是证券投资基金，是由基金托管人托管，基金管理人管理，以投资组合的方式进行证券投资的一种利益共享、风险共担的集合投资方式，是通过发售基金份额，将投资者的资金集中起来而形成的独立财产。

对于基金的定义，我们又能做哪些解读呢？

首先，基金是通过份额进行发售的，基金份额是一种权利，如果你所持有的基金份额较多，那么你所拥有的基金资产就比较多；如果你所持有的基金份额较少，那么你所拥有的基金资产就少。

基金的参与者包括基金的投资人、基金的管理人和基金的托管人，其中，投资人指的是投资者本人；管理人一般指的是基金公司，由基金公司对这些资产进行管理、投资、运作；基金的托管人一般指的是托管银行，由指定的银行负责保管投资者的投资资金并形成独立的财产，银行将这部分资金与其自有资金区分开来进行保管。

其次，需要明白的是基金会进行哪些方面的投资。由定义可知基金进行的是证券投资，即投资的是股票、债券和其他有价证券，而且是以投资组合的方式进行的，也就是说不可能只单独对某只股票或者债券进行投资，一定是多只股票和债券的投资组合。

最后，要充分理解定义中的"利益共享、风险共担"的含义。基金产生的收益由所有投资者共同拥有，即共同进行分配，而如果产生了损失，也由所有投资者共同承担。拥有不同份额的投资者承担的收益和损失也不尽相同，拥有较多基金份额的投资者对应的收益与损失都大于拥有基金份额较少的投资者。

【案例分析】基金份额的多少决定基金收益和损失的大小

对于同一只基金，两个投资者A和B分别拥有100万基金份额和10万基金份额，此时基金的净值为1.0，当基金的净值上涨10%达到1.1时，A可获利10万元，而B却只能获利1万元，A的获利明显高于B；当该基金的净值下跌10%至0.9时，A亏损10万元，B只亏损1万元，这时候A的亏损额也明显高于B。

通俗来说，基金就是将一群人的钱集中起来交给专家，让专家替大家投资（买股票、买债券），赚到钱后大家一起分，亏损了也要大家一起承担。

1.1.2　基金的获利原理

每份基金的价格是基金的单位净值，而基金的获利与否是通过单位净值的变化来体现的。为了弄清这一原理，下面以案例的形式进行详细说明。

【案例分析】基金盈利由净值的变化来体现

下表以汇丰晋信大盘股票基金A（540006）为例，2016年11月1日，该基金的单位净值为2.4803，这时如果投资者投资1万元，且假定其申购费率为0.15%即申购1万元需支付申购费15元，则其可以申购的份数为4025份，计算方法为（10 000−15）÷2.4803 ≈ 4 025.72（份），此处取整。

净值日期	单位净值	累计净值	日增长率	申购状态	开放赎回
2016-11-7	2.4886	2.5486	0.23%	开放申购	开放赎回
2016-11-4	2.4829	2.5429	−0.06%	开放申购	开放赎回
2016-11-3	2.4844	2.5444	0.65%	开放申购	开放赎回
2016-11-2	2.4684	2.5284	−0.48%	开放申购	开放赎回
2016-11-1	2.4803	2.5403	0.58%	开放申购	开放赎回
2016-10-31	2.4659	2.5259	0.04%	开放申购	开放赎回
2016-10-28	2.4650	2.5250	−0.23%	开放申购	开放赎回
2016-10-27	2.4705	2.5306	−0.18%	开放申购	开放赎回
2016-10-26	2.4751	2.5351	−0.84%	开放申购	开放赎回
2016-10-25	2.4960	2.5560	0.49%	开放申购	开放赎回
2017-11-6	3.2220	3.2820	0.5%	开放申购	开放赎回

净值日期	单位净值	累计净值	日增长率	申购状态	开放赎回
2017-11-3	3.2061	3.2661	-0.51%	开放申购	开放赎回
2017-11-2	3.2226	3.2826	-0.22%	开放申购	开放赎回
2017-11-1	3.2296	3.2896	-1.07%	开放申购	开放赎回
2017-10-31	3.2640	3.3245	-0.38%	开放申购	开放赎回
2017-10-30	3.2771	3.3371	-0.39%	开放申购	开放赎回
2017-10-27	3.2899	3.3499	0.07%	开放申购	开放赎回
2017-10-26	3.2877	3.3477	-0.48%	开放申购	开放赎回
2017-10-25	3.3027	3.3637	0.3%	开放申购	开放赎回

——数据来自东方财富网

到了 2017 年 11 月 1 日，该基金单位净值为 3.2296，这时投资者的总资产变为 13 001.46（4 025.72×3.2296）元，而一般情况下的赎回费为 0.5%，即 13 001.46×0.5%=65 元。如果投资者此时采取落袋为安的策略，则落袋现金 = 13 001.46-65=12 936.46 元。

至此，可以得出投资者一年纯收益率=（12 936.49-10000）÷10 000×100%=29.36%。

1.2　购买基金真的很安全吗

既然投资者的钱是由基金公司代为管理和投资的，那么大家可能会有一个疑问，购买基金真的安全吗？投资者的血汗钱交给基金公司打理，万一基金公司破产了怎么办？再加上有时传闻某某理财公司卷款失踪，某某理财公司负责人失联，那么基金公司是不是也存在同样的问题呢？答案是：不会！

即使基金公司破产，他们也带不走投资者的一分钱，因为投资者的钱根本不在基金公司里，而是放在了托管银行。

由基金的定义可知，基金是由基金的管理人进行管理，基金的托管人进行托管，而这里的管理人指的就是基金公司，托管人指的就是托管银行。每一只基金都有相应的托管银行，投资者的钱全部存放在相应的托管银行，由银行负责保管，这个关系如图 1-1 所示。基金公司无法直接触碰到投资者的资金，这也保证了投资者的资金安全。

图 1-1　基金公司、托管银行、投资者之间的关系

什么样的银行才可以作为基金托管银行呢？下面我们举几个例子来进行说明。

例如，汇丰晋信大盘股票基金 A（540006）的基本情况如下表所示。

基金全称	汇丰晋信大盘股票型证券投资基金	基金简称	汇丰晋信大盘股票 A
基金代码	540006（前端）	基金类型	股票型
发行日期	2009 年 5 月 18 日	成立日期、规模	2009 年 6 月 24 日、28.856 亿份
资产规模	74.57 亿元（截至 2017 年 9 月 30 日）	份额规模	23.4168 亿份（截至 2017 年 9 月 30 日）
基金管理人	汇丰晋信基金管理有限公司	基金托管人	交通银行
基金经理人	丘栋荣	成立以来分红	每份累计 0.06 元(2 次）
管理费率	1.5%（每年）	托管费率	0.25%（每年）
销售服务费	—（每年）	最高认购费率	1.2%（前端）
最高申购费率	1.5%（前端）	最高赎回费率	0.5%（前端）
业绩比较基准	沪深 300 指数 ×90%+ 同业存款指数 ×10%	跟踪标的	无

——数据来自东方财富网

基金的管理人为汇丰晋信基金管理有限公司，而托管银行为交通银行，也就是说投资者所有的钱是放在交通银行，由交通银行负责保管。

实际上，每只基金都有其独立的托管银行，也就是基金托管人，这些托管银行往往是规模比较大的银行，因为按照《中华人民共和国证券投资基金法》（以下简称《证券投资基金法》）的规定，并不是所有银行都能成为基金托管银行，只有通过层层考核并且符合中国证券监督管理委员会（简称证监会）和《证券投资基金法》规定的银行，才有可能成为基金托管银行。

▦【知识链接】申请基金托管的条件

我国《证券投资基金法》规定，基金托管人由依法设立并取得基金托管资格的商业银行担任。根据《证券投资基金法》和其他相关规定，申请取得基金托管资格的商业银行应当具备下列条件，并经国务院证券监督管理机构和国务院银行业监督管理机构核准：

①设有专门的基金托管部；

②实收资本不少于80亿元；

③取得基金从业资格证的专职人员达到法定人数；

④具备安全保管基金全部资产的条件；

⑤具备安全、高效的清算、交割能力；

⑥有符合要求的营业场所、安全防范设施和与基金托管业务有关的其他设施；

⑦有完善的内部稽核监控制度和风险控制制度；

⑧法律、行政法规规定的和经国务院批准的国务院证券监督管理机构、国务院银行业监督管理机构规定的其他条件。

基金托管人在基金的运作中具有非常重要的作用，关键是有利于保障基金资产的安全，保护基金持有人的利益。基金托管人的作用具体表现在以下几个方面。

（1）基金托管人的介入使基金资产的所有权、使用权与保管权分离，基金托管人、基金管理人和基金持有人之间形成一种相互制约的关系，从而防止基金财产挪作他用，有效保障资产安全。

（2）通过基金托管银行对基金公司的投资运作包括投资目标、投资范围、投资限制等进行监督，可以及时发现基金管理人是否按照有关法规要求运作。对于基金管理人的违法、违规行为，托管人可以及时向监督管理部门报告。

（3）通过托管人的会计核算和估值，可以及时掌握基金资产的状况，避免暗箱操作给基金资产带来风险。

至此，不难发现在基金的三方关系中，投资者和基金公司、基金公司和托管银行之间都是信息交流的关系，投资者的资金直接放在托管银行，基金公司根本无法直接触碰到资产。即使基金公司破产也不可能带走投资者存放在托管银行里的资金，更何况基金公司的成立都要经过证监会等相关机构严格的审批和考核，在运营过程中，基金公司也会受到证监会和基金自律机构的实时监控，因此投资者可以放心地进行基金投资。

1.3　基金公司如何进行投资

1.3.1　基金的主要涉及方

基金的投资过程会涉及形形色色的人和机构，其中最重要的有基金持有人、基金管理人、基金托管人、基金代销机构和监管者（证监会）这 5 方。

基金持有人：即投资人，投资人通过基金公司官网或代销机构购买基金，成为基金份额持有人。比如您通过某基金网站购买了基金，那您便是该基金持有人。

基金管理人：即基金公司，基金公司通过专业投研团队对基金持有人的资金进行投资运作。

基金托管人：具备资格的商业银行，如工商银行、农业银行等。基金公司只负责投资，并不直接接触资金和证券，托管银行负责保管投资人的资金和证券。

基金代销机构：包括银行、第三方基金销售公司等。

证监会：在基金层面上，证监会负责监管和规范基金管理人，以保护投资者的利益。

基金公司的投资和运作流程直接反映了其旗下的基金对风险的防范能力，还直接关系到投资人的利益，那么这中间有哪些部门参与，流程又是怎样的呢？

1.3.2　基金公司的投资与运作流程

首先，基金公司设有一个投资决策委员会。这个投资决策委员会是基金运作的最高权力机构。它在基金运作时会制订整体投资战略。同时，基金公司设置了一个叫"研究发展部"的部门，根据一些机构的研究成果，构建证券备选库，对拟投资对象进行持续跟踪调研，为基金经理提供投资决策支持。

接着基金经理根据投资决策委员会的投资战略，在研究部门研究报告的支持下，结合对证券市场、上市公司、投资时机的分析，拟订所管理基金的具体投资计划，包括资产配置、行业配置、重仓个股投资方案。

基金经理是一只基金的具体管理者，对基金投资行为负直接责任，其权力的大小直接关系到基金的风险和收益状况。除了遵行基金公司的投资理念，在投资决策委员会和公司主管领导的授权范围内进行投资决策外，基金经理还会根据基金契约规定向研究发展部提出研究需求。假设公司研究发展部根据基金契约和相关规定，确定500多只股票构成一级股票库，在此基础上，根据股票风险收益特征，确定约200只构成二级股票库。对这些股票，研究人员将对其跟踪，对准备投资的个股，还须安排基金经理走访上市公司，进行进一步调研，对股票基本面进行深入了解分析。基金经理构建投资组合后，在其授权范围内可自主决策，否则要上报部门负责人和投资决策委员会批准后，再向中央交易室交易员下达交易指令。

投资人汇集起来的几十亿元、上百亿元资金就这样通过中央交易室流向股市或者债市。新基金一般有3个月的建仓期，基金建仓完毕，标志着基金在一定时间内保持相对稳定的资产配置。

建仓完毕后，基金公司内部是不是就等着看着股市、债市的上涨呢？

当然不是。金融工程研究人员将定期对基金进行绩效评估，并向投资决策委员会、投资部负责人提交综合评估意见和改进方案。中央交易室会将有关信息反馈给基金经理。

还有另外一个相对独立的部门叫风险控制委员会，这个部门不可或缺。

该部门对基金运作的各个环节的风险全面负责，尤其重点关注基金投资组合的风险状况，包括市场风险和流动性风险。

投资者关注基金的收益状况，也关注其防范风险的能力。这使得基金的资产配置被限定在了相对稳定的范围，也使得控制风险被放在了基金管理的首要位置。这些都是真正实现基金净值"稳健增长"的保障。

【案例分析】嘉实基金的投资过程

下面以嘉实基金公司的投资和运作流程进行说明。图1-2所示为嘉实基金的投资过程。

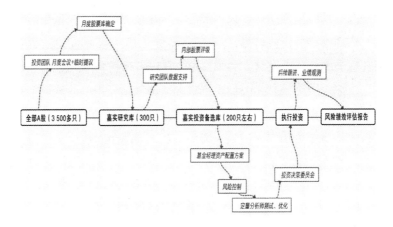

图 1-2　嘉实基金的投资过程

——摘自《爱嘉定投魔法》，北京大学出版社 2012 年 11 月出版

第一步，投研团队会（以 A 股市场为例）对 A 股市场上存在的 3 500 多只股票进行筛选和研究，并且每个月召开会议进行讨论、提议和表决，在所有投研团队的人员进行认真商定后确定月度的股票库，最终形成包含 300 只股票的优选嘉实研究库。值得注意的是，300 只股票的研究库每个月都会有所变化，根据每一时期的热点行情、市场动态实时进行调整。

第二步，研究团队对优选出来的 300 只股票的股价、历史业绩、基本概况、走势等信息进行数据化分析，并在分析后进行内部评级，进而选出更为优秀的 200 只左右的股票组成嘉实投资备选库。

第三步，嘉实基金公司旗下每一只基金的基金经理从这 200 只左右的股票组成的备选库中进行挑选，基金经理会根据自己的投资策略挑选不同的股票，形成资产配置方案，然后将该方案送至风险控制部门进行审核（如果风险控制部门觉得该方案过于激进，可能不予通过）。在该方案通过以后，相关方案还需要经过定量分析师的进一步测试和优化。在真正交易之前，相关方案还需要送到投资决策委员会进行最终的审核批准，在通过后才能执行。

第四步，基金公司在收到执行交易的通知后，买入股票，执行投资，并且由专人后续跟进，实时进行业绩的观测，定期出具风险绩效评估报告，再根据报告的内容及时进行调整。

由此我们不难发现，一只基金的投资策略是在经过严格的筛选、研究和考

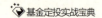

核后才确定的，其中研发团队、风控部门、基金经理、投资决策委员会等部门各司其职，环环相扣。由此可见，基金投资目标的选择、确定的过程是非常严谨的，而且越大的基金公司其实力越雄厚，所以普通投资者通过购买基金份额来投资基金，把资产交给基金公司进行打理，无须过分担心。从以上基金公司的投资流程可以看出，基金公司在运行管理基金时，并非只靠某个基金经理的能力，更多的是靠庞大的投研团队。因此，在选择基金时要优先选择规模大、综合实力雄厚的基金公司旗下的产品。

1.4　基金公司到底靠什么赚钱

1.4.1　基金费用的分类

基金公司在进行基金投资运作时，既不参与基金的分红也不承担基金的损失，那么基金公司到底都靠什么赚钱呢？其实基金公司就是靠投资者所缴纳的各种费用来取得收入，从而维持公司的正常运转和盈利。

基金费用一般包括两大类

一类是在基金销售过程中发生的由基金投资人自己承担的费用，主要包括认购费、申购费、赎回费。对这些费用，基金公司一般直接在投资人认购、申购、赎回时收取。其中，申购费可在投资人购买基金时收取，即前端申购费；也可在投资人卖出基金时收取，即后端申购费。采用后端收费模式时，申购费率一般按投资者对基金的持有期限递减。

另一类是在基金管理过程中发生的费用，主要包括基金管理费、基金托管费等。这些费用从基金资产中计提。对于不收取申购、赎回费的货币市场基金和部分债券基金，还可按不高于2.5‰的比例从基金资产中计提一定的费用，专门用于本基金的销售和对基金持有人的服务。

1.4.2　常见基金费用

下面重点讨论几种在基金买卖中常见的费用。

托管费：托管机构不仅具有监督基金公司的职能，而且还要负责基金资产的保管、交割等工作，所以需要付给托管机构托管费。这里的托管机构一般指的是具有托管资质的托管银行。在我国，托管机构收取的年托管费在基金资产的 0.25% ~ 0.35%。该费用由基金的所有持有人按份额均摊。

申购费：投资者在购买基金时，需要向基金公司支付一定的手续费，国内基金的申购费率一般在投资者所购买的基金金额的 1.5%。在基金发行期的销售手续费叫认购费用，发行期结束后的日常销售费用叫申购费用。一般来讲，基金公司为了吸引投资者在基金发行时买基金，认购费率比申购费率要便宜一些。

为了使投资者长期持有基金，有些基金公司还推出了后端收费模式，即在投资者购买基金时不收手续费，而将此项费用延迟到投资者赎回时再收取。如果投资者持有基金的时间超过一定期限，赎回时便不用付费了。

赎回费：指投资者在卖出基金时所要缴纳的费用，一般是一次性收取，目前除了货币基金是免赎回费的，其他类型的基金都有赎回费。赎回费率最高不超过投资者所赎回的基金金额的 1.5%。

为了鼓励投资者长期持有基金，一些基金公司推出了赎回费随持有时间增加而递减的收费方式，即投资者持有基金的时间越长，在赎回时所需支付的赎回费越少，若持有时间长到一定程度，则投资者在赎回时不必支付赎回费。基金应当将不低于赎回费总额的 25% 的计入基金资产，以补偿没有赎回的投资者可能受到的损失。

管理费：管理费是国内公募基金公司的主要收入和盈利来源。管理费费率的高低和基金类型有关。其中，股票型基金的管理费较高，债券型、货币型基金的管理费较低。

计提方法和支付方式：我国的基金管理费、托管费及基金销售服务费均是按前一日基金资产净值的一定比例逐日计提，按月支付。

1.4.3　基金费用的计算方法

通过图 1-3，投资者可以更加清晰地明白各种基金费用的收取人。其中，托管费为托管人即托管银行收取，一般为 0.25% ~ 0.35%，申购费、赎回费、管理费都为基金公司收取，费率一般分别为 1.5%、0.5% ~ 1.5%、1.5% ~ 2% 三类标准。

基金公司是怎么赚钱的

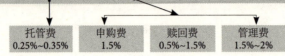

基金是指通过发售基金份额，将众多投资者的资金集中起来，形成独立财产，由基金托管人托管，基金管理人管理的以投资组合的方式进行证券投资的一种利益共享、风险共担的集合投资方式。

| 托管费 0.25%~0.35% | 申购费 1.5% | 赎回费 0.5%~1.5% | 管理费 1.5%~2% |

图 1-3 基金费用的收取

下面，还是以汇丰晋信大盘股票 A（540006）为例进行说明，看看汇丰晋信基金管理有限公司一年通过该只基金能获取多少收益。

【案例分析】汇丰晋信基金管理有限公司获利计算

通过相关网站的查询，可知汇丰晋信大盘股票 A（540006）的基本情况（截至 2018 年 6 月 30 日）如下表所示。

基金全称	汇丰晋信大盘股票型证券投资基金	基金简称	汇丰晋信大盘股票 A
基金代码	540006（前端）	基金类型	股票型
发行日期	2009 年 5 月 18 日	成立日期、规模	2009 年 6 月 24 日、28.856 亿份
资产规模	29.71 亿元（截至 2018 年 6 月 30 日）	份额规模	23.4168 亿份（截至 2018 年 6 月 30 日）
基金管理人	汇丰晋信基金管理有限公司	基金托管人	交通银行
基金经理人	郭敏	成立以来分红	每份累计 0.06 元（2 次）
管理费率	1.5%（每年）	托管费率	0.25%（每年）
销售服务费	—（每年）	最高认购费率	1.2%（前端）
最高申购费率	1.5%（前端）	最高赎回费率	0.5%（前端）
业绩比较基准	沪深 300 指数 ×90%+ 同业存款指数 ×10%	跟踪标的	无

——数据来自《东方财富网》

截至 2018 年 6 月 30 日，该只基金的资产规模为 29.71 亿元，份额规模是 23.4168 亿份，每年的托管费用为 0.25%，每年的管理费率为 1.5%，申购费率为 1.5%（暂不考虑打折的情况），赎回费率为 0.5%。注意，因为基金尚未赎回，所以可以暂不考虑赎回费这笔费用。这样我们就可以粗略地估计出基金公司每年的收益情况，具体计算如下。

总的费率：0.25%+1.5%+1.5%=3.25%

投资者应当支付的总的费用是：29.71×3.25%=0.965575 亿元

其中，支付给基金公司的为 0.8913（29.71×3%）亿元，支付给托管银行的为 0.074275（29.71×0.25%）亿元。

对一个基金公司而言，其旗下肯定不止一只基金，所以其一年的收益肯定也不止这些。通过在相关网站的查询，可以知道汇丰晋信基金管理有限公司的基本情况（截至 2018 年 6 月 30 日）如下表所示。

汇丰晋信基金管理有限公司 HSBC Jintrust Fund Management Company Limited
办公地址：上海市浦东新区世纪大道 8 号上海国金中心汇丰银行大楼 17 楼
总经理：王栋
管理规模：240.19 亿元
基金数量：25 只
经理人数：12 人
成立时间：2005 年 11 月 16 日
公司性质：合资企业（信托系）

——数据来自东方财富网

所以投资者一年总支付费用为 7.806175（240.19×3.25%）亿元，其中，支付给基金公司的为 7.2057（240.19×3%）亿元，支付给托管银行的为 0.600475（240.19×0.25%）亿元。

由此可见，基金公司一年的收益还是颇丰的。

在此，可能有些投资者会有疑问，既然基金公司不参与分红也不承担损失，那基金公司会尽职尽责地为投资者管理基金，能最大限度地让投资人的资产增值吗？

答案是肯定的。因为只有基金公司管理的基金取得了不错的收益，投资者才会继续持有甚至追加投资，也才会有新的申购者申购新的基金，基金公司的基金规模才会越来越大，获取的收益也才会越来越多。如果基金公司取得的收益非常差，甚至还出现了较大的亏损，那么很大一部分投资者会赎回资金，也很难有新的投资者申购新的基金，这会导致基金公司的基金规模越来越小，收益也会越来越不理想，从而形成"强者越强，弱者越弱"的循环。

值得注意的是，因为基金的交易费用较高，投资者在购买基金时不可抱有投资股票的心态频繁地买卖。频繁买卖只会使基金的成本越来越高，况且基金本身就是适合长期持有的品种，所以投资者一定要摆正心态，以长线的角度来持有基金。图1-4清楚地反映了一次性申购和每月申购赎回一次在一年之后收益的区别，前者的收益明显大于后者。

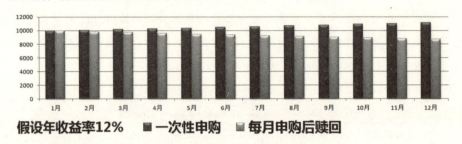

图 1-4 一次性和每月申购的收益区别

此外，在购买基金时，投资者应当了解各种申购平台，包括线上的网络申购和线下的银行申购等形式，一般来说在网上申购会有不同程度的打折优惠，而银行等线下申购的方式折扣较小甚至没有折扣。在了解了各种平台的申购费率之后，再选择最适合自己的基金品种进行投资。

1.5 快速选出靠谱的基金公司

买基金最重要的就是选基金公司，选对了基金公司，投资者的投资才更有保障，才会有更大的盈利可能。仅仅知道基金公司是怎么运营和赚钱的，肯定还远远不够。基金盈利与否、盈利多少跟管理它的基金公司密切相关。那到底什么是基金公司，又该怎样挑选出一个优秀的基金公司呢？

1.5.1 基金公司的基本概况

1.定义

证券投资基金管理公司（基金公司），是指经中国证券监督管理委员会批准，在中国境内设立，从事证券投资基金管理业务的企业法人。公司董事会是基金公司的最高权力机构。基金公司发起人是从事证券经营、证券投资咨询、信托资产管理的人或者其他金融资产管理机构。

2. 分类

基金公司分公募基金公司和私募基金公司。公募基金公司是经过证监会和相关部门严格审核后批准成立的基金公司，它的经营业务及人员活动受证监会监管，其从业人员属于基金业从业人员，是向不特定群体进行发行申购和销售的；私募基金公司的监管（新《证券投资基金法》可能会将私募基金纳入证监会监管范围）方目前并不明确，它的申购和销售对象往往是一些特定的投资者，且投资门槛较高，对投资者的要求也较为严格。

从组织形式上说，基金公司分为公司制基金公司和有限合伙制基金公司。从实践来看，公募基金公司全部为公司制基金公司，私募基金公司则是公司制和有限合伙制两种组织形式并存。

3. 成立条件

成立一家基金公司，必须具备以下条件：

①股东符合《证券投资基金法》的规定；

②有符合《证券投资基金法》和《中华人民共和国公司法》（以下简称《公司法》）及中国证监会规定的章程；

③注册资本不低于 1 亿元人民币，且股东必须以货币资金实缴，境外股东应当以可自由兑换货币出资；

④有符合法律、行政法规和中国证监会规定的拟任高级管理人员以及从事研究、投资、估值、营销等业务的人员不少于 15 人，并应当取得基金从业资格；

⑤有符合要求的营业场所、安全防范设施和与业务有关的其他设施；

⑥设置了分工合理、职责清晰的组织机构和工作岗位；

⑦有符合中国证监会规定的监察稽核、风险控制等内部监控制度；

⑧经国务院批准的中国证监会规定的其他条件。

1.5.2 市场上的主流基金公司

2018 年，我国境内经证监会和相关部门审批通过而设立的公募基金公司有100 多家，它们的基金规模、投研团队和基金经理的管理能力良莠不齐。投资者在进行基金投资时，都希望选择出那些历史沉淀丰厚、盈利能力强、管理水平高的基金公司，对此，我们不妨先来看看主流基金公司的排名情况，如图 1-5 所示。

筛选维度	基金公司（简称）
"老十家"基金公司	国泰、南方、华夏、华安、博时、鹏华、嘉实、长盛、大成、富国
目前资金管理规模前20	天弘、华夏、易方达、工银瑞信、嘉实、南方、广发、建信、中银、汇添富、招商、博时、富国、华宝兴业、鹏华、银华、华安、华泰柏瑞、大成、上投摩根
股票型基金管理规模前20	华夏、富国、嘉实、易方达、汇添富、南方、华安、鹏华、工银瑞信、国泰、招商、华泰柏瑞、申万菱信、景顺长城、广发、上投摩根、博时、前海开源、融通、农银汇理

图1-5　主流基金公司的排名

在1999年之前，中国的基金市场处于萌芽时期。那时，中国只有十家基金公司，分别是国泰、南方、华夏、华安、博时、鹏华、嘉实、长盛、大成及富国。1999年之后，基金公司在中国呈爆发式增长，所以在1999年之前成立的那十家基金公司被俗称为"老十家"基金公司，也是中国基金行业的先驱。这些公司是起步较早、历史沉淀丰厚的行业佼佼者，那现在已经过去了数十年，基金公司的数量也发生了翻天覆地的变化，作为这个行业的开拓者，它们又发生了什么变化，现在的资产规模又是多少，盈利情况又如何？

截至2017年年底的数据，纵观公募基金公司所管理的资金规模，排名前20的基金公司分别是天弘、华夏、易方达、工银瑞信、嘉实、南方、广发、建信、中银、汇添富、招商、博时、富国、华宝兴业、鹏华、银华、华安、华泰柏瑞、大成、上投摩根。值得注意的是，这里的规模并不是指基金公司的注册资金，而是指它们所管理的基金规模。这从另外一个方面反映了基金公司的能力，只有盈利能力比较强而且管理水平高的基金公司才会获得投资者的青睐。这也是基金公司能力和实力的体现。

如果按照市场上基金公司所管理的股票型基金的规模进行排序，那么排名前20的基金公司分别是华夏、富国、嘉实、易方达、汇添富、南方、华安、鹏华、工银瑞信、国泰、招商、华泰柏瑞、申万菱信、景顺长城、广发、上投摩根、博时、前海开源、融通、农银汇理。之所以单独列出股票型基金的管理规模排名前20的基金公司，是因为虽然有些基金公司所管理的基金规模比较大、投资者比较多，但是这不能真实地反映出其管理和盈利能力，因为它们投资的大多是货币型基金等风险较低、收益又比较稳定的品种。真正能反映基金公司投资能力的是其对股票型基金的管理能力，所以说管理的股票型基金的规模越大，越能真实反映出该公司的管理能力之强。

【案例分析】天弘基金的盈利能力分析

例如，资产管理规模排名前 5 的基金公司如下表所示。

序号	基金公司	成立时间	全部管理规模 / 亿元
1	天弘基金管理有限公司	2004-11-08	17 065.05
2	工银瑞信基金管理有限公司	2005-06-21	6 458.70
3	易方达基金管理有限公司	2001-04-17	5 534.24
4	建信基金管理有限责任公司	2005-09-19	4 571.04
5	博时基金管理有限公司	1998-07-13	4 174.46

——数据来自东方财富网

排名第一的是天弘基金，其管理的资产规模约为 17 000 亿元，比第二名的工银瑞信高出将近 11 000 亿元。天弘基金 17 000 亿元的资产规模是由什么构成的呢？天弘基金公司旗下前两名的基金分别是天弘余额宝货币（000198）和天弘云商宝（001529），这两只基金都是货币型基金，它们的总规模达 16 500 亿元，占天弘基金公司全部资金管理规模 17 000 亿元的 97% 以上。具体数据信息见下表。

基金名称代码	类型	日期（2017）	万份收益	7日年化	14日年化	28日年化	近3月	规模/亿元
天弘余额宝货币 000198	货币型	11-30	1.0736	3.9760%	3.95%	3.92%	0.97%	15 595.95
天弘云商宝 001529	货币型	11-30	1.1192	4.2070%	4.16%	4.06%	0.99%	1 044.75
天弘现金管家货币 B 420106	货币型	11-30	1.0653	4.0620%	3.94%	3.85%	1.00%	140.57
天弘弘运宝货币 001391	货币型	11-30	1.2173	4.5300%	4.44%	4.33%	1.09%	28.33
天弘现金管家货币 C 000832	货币型	11-30	1.0185	3.8540%	3.74%	3.65%	0.95%	6.16

——数据来自东方财富网

从中还可以发现，虽然天弘基金的规模较大，但是其投资收益（万份收益）并不高。

从这个例子可看出，基金的总规模也不能充分反映公司的管理能力，因此，考虑股票型基金的规模是有必要的。另外，有一部分投资者还比较注重基金公司的口碑和历史沉淀。那么，有没有一个公司是成立时间又早，资金的总规模和股票型基金的规模又居于行业领先地位的呢？答案是肯定的。

经过筛选，同时满足这三个条件的基金公司如下表所示，说明它们资历老、规模大、综合能力突出。

筛选维度	基金公司
"老十家"基金公司	南方、华夏、华安、博时、鹏华、嘉实、富国
目前管理的资金规模排名前 20	
管理的股票型基金的规模排名前 20	

——数据来自东方财富网

值得注意的是，上述表格未列示的基金公司中也有基金管理能力较强的公司，比如易方达、汇丰和上投摩根等基金公司，但是成立的时间较晚，不满足"老十家"基金公司这个条件。后两个指标相对应的排名是变动的，投资者应及时了解相关信息，并进行相应调整。

总而言之，投资者挑选基金公司时，应尽量选择成立时间早、管理资金规模大、实力雄厚、基金经理数量多的基金公司。

第 2 章

了解基金定投

　　投资者购买什么样的基金才能获取相对的收益，采取什么样的投资方式更好？为什么说基金定投是一种十分有效的"懒人理财"方式？它有哪些优点，适合哪些人？本章对上述问题进行详细解答。

2.1 什么是基金定投

2.1.1 定义

基金定投的全称为定期定额投资基金，是指在固定的时间以固定的金额投资到指定的开放式基金中，类似于银行的零存整取方式。由于它定期定额、简单易操作，所以又被称为"懒人理财"。

2.1.2 定投和一次性买入的差别

定投指的是在固定的时间点以同等金额分批买入基金份额，而一次性买入指的是用所有资产全部买入后，后续不再进行买入的操作。相对于一次性的单笔投资，基金定投克服了只选择一个时间点买进的风险缺陷，可以均衡成本，分散市场风险，同时可以引导投资人进行长期投资、平摊投资成本。另外，通过定投，投资者可用较低的成本积累更多份额，等到基金分红时，也就能得到更多的红利，所以说只有坚持定投才有可能获得意想不到的收益。

下面以两个简单的案例来说明基金定投的含义。

⑩【案例分析】基金定投

[案例一]

假设 2018 年 1 月份，每斤鸡蛋的价格是 10 元，小明用 10 元买了 1 斤鸡蛋；到 2 月份，鸡蛋价格下降到了 5 元 1 斤，小明又用 10 元买了 2 斤。到了 3 月份，鸡蛋价格上涨到 15 元 1 斤，这次小明同样花 10 元却只买了 0.67 斤鸡蛋，我们可能会认为小明买这三次鸡蛋的平均成本是 10 元 1 斤，但实际上鸡蛋的平均成本是 8.17[（10+10+10）÷（1+2+0.67）]元/斤。这个例子不仅说明了定投的基本含义，还证明了定投可以有效地摊薄成本。

[案例二]

在基金市场，长期定投真的能够获利吗？答案是肯定的，但是有一个前提：定投基金的净值不能长期在低位徘徊。

以定投比较权威的沪深 300 为例，截取时间从 2013 年 5 月 11 日到 2018 年 5 月 11 日，假设投资者每个月的 11 号购买 500 元的银华沪深 300 指数分级（161811），时间上跨越了 2015 年的牛市和 2016 年的股灾，还有 2017 年股市较为平稳的阶段，定投期也比较久。定投五年之后共投资 30 000 元，年化持有收益率为 21.15%。而同时期银行的五年定期存款利率也不过在 4% 到 5%，两者的收益简直有天壤之别。

2.2　基金定投的优点

基金定投到底有哪些优点呢？下面详细介绍。

2.2.1　自动申购，克服惰性

在投资过程中，每位投资者或多或少都存在惰性。而选择定期定额投资基金后，投资者只需去基金代销机构办理一次性手续，此后每期的扣款申购均会自动进行，一般以月为单位，也可以根据自己的投资需求和资产增值计划选择以半月、季度等其他时间限期作为定投的时间单位。

相比而言，如果采取手动扣款的话，投资者每个月都需要手动买入基金。自动扣款则是签订一次基金定投协议后每期自动从银行卡扣款申购，投资者只需确保银行卡内有足够的资金即可。这样也有助于投资者克服手动扣款的弊端。同时，投资者在不知不觉中积累了越来越多的基金份额，所以基金定投也有强制储蓄的作用。

2.2.2　无须多金，适合工薪族

基金定投是一种常见的投资理财方式，其门槛也非常低，大部分基金最低定投金额为 100 元 ~ 300 元，有些基金甚至只需 1 元即可定投。这是一般人都能接受的。

每月余钱不多的工薪族往往对证券市场并不熟悉，而且无暇经常光顾基金销售机构，但是这部分人又承受着各种资金压力。这时，他们如果采取基金定投的方式把多余的钱以定投的方式交给专业的基金公司进行管理，不仅省时省力，长此以往，还能获得丰厚的回报。

当然每个工薪家庭的收入状况不尽相同，其开支也各有差别。结合自己每月盈余的实际情况、想要实现资产增值的最终标准、预期的年化收益等参考数据可以倒推出每月定投的资金数额，最终实现投资目标。

2.2.3 少花多存，聚沙成塔

"90后"面临的养老压力、子女教育压力、买房置业压力都远高于其父辈一代。为了有效地解决这些问题，建议现在的年轻人一定要养成多储蓄、少消费的习惯。尤其对于那些不必要的超前消费，应尽量克制。如果投资者能在年轻的时候就每隔一段时间通过定投的方式购买基金，那就可以"聚沙成塔"，步步为营，积攒一笔不小的财富。

2.2.4 安全靠谱，坐享复利

关于基金定投是否靠谱，在第1章中已经做过详细分析，而要想判断一个投资产品是否安全，具体来说还是采用以下三个指标：风险、收益和流动性。

一般而言，风险和收益两者不可兼得，高风险往往伴随着高收益，高收益也对应着高风险。图2-1所示的金字塔顶部的金融产品对应的风险和收益都比较高，而底部的金融产品对应的风险和收益都比较低。

图2-1 金融产品风险和收益的关系图

那么基金定投有哪些投资特征呢？答案是低风险、高收益、低流动性。在风险上，它采取定时、分批投入来摊薄成本、降低风险；在收益上，它采取高级定投策略＋技巧来提高收益；但投资周期，投资时间却被大大拉长，即基金定投牺牲了流动性，成全了低风险和高收益，具体如图2-2所示。

图 2-2　基金定投的风险、收益、流动性分析

另外，基金是依靠复利来实现资本增长和获取超额效益的。同样的投资品种，按照复利计算的收益与按单利计算的收益截然不同。例如同样是 100 万元，年化利率是 10%，经过十年的时间，分别按照单利和复利进行计算，前者的收益为 100 万元，而后者的收益则高达 159.3 万元，可见按复利计算的收益明显高于按单利计算的收益，并且时间越久，效果越明显。

2.2.5　分批买入，摊薄成本

由于基金定投采用的是定期定额、分批买入的方式，申购时间点不同导致投资者买入的基金成本比较平均，投资风险得以分散。

下面以一个案例进行详细说明。

【案例分析】基金定投有助于摊薄成本

某投资者现有资金 7 500 元，准备于 1 月 8 日买入某只基金，此时该基金的净值为 1 元，如果采取一次性买入的方法，则可以买入的基金份额为 7 500（7500÷1）份，成本为每份 1 元。

如果投资者改为定投的方式分五次投资，每次 1 500 元、每月 8 日买入该基金，而每月 8 日基金的净值如图 2-3 所示，同样用 7 500 元可以买入的份额如下。

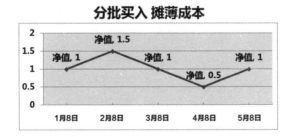

图 2-3　每月基金净值

（1）1月8日，净值为1，可以购买份额1 500（1 500÷1）份。

（2）2月8日，净值为1.5，可以购买份额1 000（1 500÷1.5）份。

（3）3月8日，净值为1，可以购买份额1 500（1 500÷1）份。

（4）4月8日，净值为0.5，可以购买份额3 000（1 500÷0.5）份。

（5）5月8日，净值为1，可以购买份额1 500（1 500÷1）份。

总计 =1 500+1 000+1 500+3 000+1 500=8 500（份）

每份基金的成本 =7 500÷8 500 ≈ 0.88（元）

至此不难发现，采用定投的方式购买基金比一次性购买基金的成本更低，更具有优势。

2.2.6　长期持有，降低风险

众所周知，基金是适合长期持有的投资产品，为什么要反复强调"长期"这两个字呢?

因为当基金的净值价格走高时，买进的份额变少；当价格走低时，买进的份额增多。长期不断累积，才可能有效摊低投资成本与市场带来的风险。相比单笔投资在股市震荡时可能面临的高风险，基金定投通过以上方式能够有效分散市场风险，更好地管理客户的资产。

值得注意的是，基金定投不是短期行为，应长期坚持，持续的时间越长，效果越明显，投资的风险越低。尤其是市场越跌越要坚持定投，下跌时的低价筹码可以更好地拉低投资成本。只有这样才能通过长时间定期定额的投资来摊薄投资成本、分散市场风险，从而提升长期获利的机会。

2.2.7　告别噪声，无须择时

在现实生活中，"基民"大都游走于投资与投机之间，仿佛掌握了市场的最低点，就获得了胜利的主动权。尤其在3 000点、4 000点、4 500点等一个个历史性点位出现的时候，"基民"都会发出共同的声音: 这个点位可以买基金吗?

对这种问题的回答永远都是一样的: 基金定投最好的时间是十年前，然后是现在。这是告诉投资者基金定投不需要过分地选择时间（即择时），现在就可以开始，而且是越早越好，越早开始，收益越丰厚。

投资的要诀就是"低买高卖"，但很少有人在投资过程中掌握到最佳的买卖点获利。为避免这种人为的主观判断失误，投资者可通过"定投计划"来投资市场，不必在乎进场时点，不必在意市场价格，无须为其短期波动而改变长期投资决策。基金投资是着眼长期投资的理财工具，从长期投资的角度来看，短期的市场波动完全可以忽略不计。华尔街大量的实证研究显示，每次都在市场最高点买进与每次都在最低点买进长期下来，两者的报酬率相差不到10%！下面我们通过案例来说明基金定投"无须择时"的特点。

【案例分析】嘉实优质企业混合定投实例

在图 2-4 中，A、B、C、D 分别代表了不同时期的基金净值，假设投资者于 2010 年 11 月 1 日即在 D 点卖出，如果采取一次性投资的方式则肯定是在 B 点买入 D 点卖出收益最大，而在 A 点买入 D 点卖出是亏损的，但是如果投资者采取基金定投的方式进行，不管从 A 到 D 点的哪一个时间节点买入定投，通过长期持有和摊薄成本，最后都是盈利的。

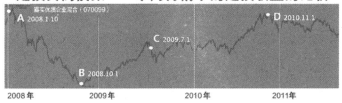

图 2-4　嘉实优质企业混合不同时期的基金净值

因此，投资者在参与基金定投时不需要过分关注入场时间，而是要根据自身情况确定合理的收益目标，选择投资理念稳健、信誉卓著的基金公司，并坚持长期投资的观念，才能分享证券市场长期较高的收益率。

2.2.8　不怕波动，涨跌皆欢

在基金的投资过程中，很多新"基民"甚至部分老"基民"都存在着"高买低卖"这种错误的操作行为。当然，这跟人的心理行为密切相关。因为人的风险承受能力和他的盈利水平是正相关的，即市场越涨，赚得越多，就越能承受风险，从而促使我们不断地在高位加仓；在市场下跌时，盈利越来越少甚至亏损，有些投资者就会变得越来越保守，从而在低位不断地减仓，日复一日，最终成了损失惨重。

在市场暂时下跌时，基金净值确实也会暂时缩水，但这时同样的定投金额却能换来更多的基金份额。可惜的是许多投资者会因恐慌而在下跌时停止定投或赎回基金。其实，在基金公司操作得当的前提下，投资者只要坚持基金定投并持续下来，平均成本自然就会降低，从而无惧市场涨跌，最终获得不错的收益。

所以说，在基金净值上涨时，短期内资产会得到增值，而当基金净值下跌时，相同金额定投基金的份额也会增长，涨跌皆欢。

2.3　复利的奥秘

2.3.1　单利和复利

爱因斯坦所说的"复利是人类的第八大奇迹"，经常被用来证明长期投资的有效性。想要弄清楚复利的奥秘，先来看则小故事。

【经典故事】棋盘里的奥秘

一个爱下象棋的国王棋艺高超，从未遇到过敌手。为了找到对手，他下了一份诏书，说不管是谁，只要下棋赢了国王，国王就会无条件答应他一个要求。

一个年轻人来到皇宫，要求与国王下棋。紧张激战后，年轻人赢了国王，国王问这个年轻人有什么要求，年轻人说他只要一点小奖赏：就是在他们下棋的棋盘上放上麦粒，棋盘的第一个格子中放上一颗麦粒，第二个格子中放进前一个格子中麦粒数量两倍的麦粒，接下来每一个格子中放的麦粒数量都是前一个格子中麦粒数量的两倍，一直将棋盘每一个格子都摆满。

国王没有仔细思考，以为这个要求很容易满足，于是就欣然同意了。但很快国王就发现，即使将自己国库所有的粮食都给他，也不够百分之一。因为从表面上看，年轻人的要求起点十分低，从一颗麦粒开始，但是经过很多次的翻倍，就迅速变成庞大的天文数字（这个数字如果按 1 千克麦粒约 4 万粒换算成吨的话，总量约等于 4 611 亿吨，相当于我国 2010 年粮食年产量 5.4 亿吨的 853 倍）。

由此可见，一旦采取复利计算，经过一定时期的累计，其结果往往出乎人们的意料。那么到底什么是复利呢，跟单利相比它又有怎样的优势呢？

单利（Simple Interest）是按照固定的本金计算利息的方法，利息 = 本金 × 利率 × 计息期数。

复利（Compound Interest）指在每经过一个计息期后，都要将所生利息加入本金，以计算下期的利息。这样，在每一个计息期，上一个计息期的利息都将成为生息的本金，以此类推，期末终值 = 本金 ×(1+ 利率$)^{计息期数}$。

下面举例来说明以复利计算和以单利计算所得到的结果之间的差距到底有多大。

⑪【案例分析】复利和单利计算的差距

假设投资者有 10 000 元要存 5 年，年利率是 3.75%，5 年后的利息是多少？

单利方式的本利和 =10 000+10 000×3.75%×5=11 875 元

单利方式下的利息 =11 875−10 000=1 875 元

复利方式的本利和 =10 000×（1+3.75%$)^5$=12 020 元

复利方式下的利息 =12 020−10 000=2 020 元

5 年的利息差距 =2 020−1 875=145 元

可能 5 年的时间差距还不是特别明显，如果把时间延长到 20 年呢？结果见下表，金额单位为元。

年份	1 年	2 年	3 年	4 年	5 年	6 年	7 年	8 年	9 年	10 年	20 年
单利	375	750	1 125	1 500	1 875	2 250	2 625	3 000	3 375	3 750	7 500
复利	375	764	1 168	1 586	2 020	2 472	2 940	3 424	3 928	4 450	10 881
差距	0	14	43	86	145	222	315	424	553	700	3 381

由上表可知，分别以单利与复利计算所得到的结果之间的差距达到了 3 381 元，占到本金的 33.81%，可见其效果是大不一样的。

基金定投实际上也是利用基金的复利效应：通过长期投资基金，获得较高的投资回报，同时把投资基金的分红和利润继续投入基金，实现"利滚利"。

复利是世界上的一个奇迹，哪怕投资的起步资金不多，但是随着时间的推移，只要能够保持稳定的收益，十年乃至二十年之后，投资收益率也会非常惊人。

▦【知识链接】巴菲特的复利效应

沃伦·巴菲特于 1965 年接管伯克希尔·哈撒韦公司。该公司在 1965 年的净资产为 2 288 万美元，而到了 2015 年，其净资产达到 154 亿美元。

巴菲特用了 51 年的时间，把公司股票的每股账面价值从 19 美元增加至 155 501 美元。按照复利计算，51 年间其平均年化收益率约为 19.3%。

2.3.2　复利与时间、利率的关系

基金的复利其实就是坚持长期投资，并且是投资管理业绩和水平非常高的基金，从而实现超额的回报。基金定投的丰厚回报 = 复利效力 + 持续投资。具体而言，回报的多少与两个因素有关：时间和利率。

1.时间

一般而言，投资者获得的回报与投资的时间成正比，即投资的时间越长，其收益越高。可以通过下面这个案例了解这一点。

【案例分析】复利与时间

张先生计划进行基金定投，每月 8 日定投 800 元，预期年化收益率为 16%，现有定投期限 10 年、20 年、30 年、40 年、50 年、60 年 6 种选择，对应着不同的定投年限，其最终的收益如图 2-5 所示。

定投金额	定投年限	累计投入	到期总额
每月800元	10年	9.6万元	23.7万元
每月800元	20年	19.2万元	138.1万元
每月800元	30年	28.8万元	700.3万元
每月800元	40年	38.4万元	3455.3万元
每月800元	50年	48.0万元	16958.8万元
每月800元	60年	57.6万元	83137.5万元

图 2-5　基金定投中收益与年限的关系

由图 2-5 可知，定投的时间越长，张先生的最终收益越大，其中期限最短的 10 年，其定投的收益率是（23.7-9.6）÷9.6 ≈ 1.47，而期限最长的 60 年，最终的收益率是（83 137.5-57.6）÷57.6 ≈ 1442.36，后者约是前者的 981 倍。

在上例中的投资者即使面临相同的预期收益率，每月投入的金额也相同，但是定投的期限不同，最终的收益也会相差较远。

2.利率

在进行基金定投的过程中，投资者除了关注定投的期限，还应该关注该基

金的基金净值、以往业绩、预期收益等数据，即使对应不同的收益率，投资者投资相同的期限其最终的收益也各不相同。预期收益利率越高的基金其最终的回报也越多，相反，预期收益率低的基金，其最终的回报也越少。下面还以张先生的投资案例进行说明。

【案例分析】复利与利率

张先生计划进行基金定投，每月 8 日定投 800 元，预期的定投期限为 10 年，现有银行定期存款、货币基金、债券基金、股票型基金等不同的 6 种金融产品可供选择，对应的年化收益率分别为 3.75%、5.5%、7.9%、10%、13%、16%，对应不同收益率的品种，其最终的收益如图 2-6 所示。

定投金额	定投年限	假定利率	到期总额
每月800元	10年	3.75%	11.8万元
每月800元	10年	5.5%	13.0万元
每月800元	10年	7.9%	14.9万元
每月800元	10年	10%	16.8万元
每月800元	10年	13%	19.9万元
每月800元	10年	16%	23.7万元

图 2-6　基金定投中收益与收利率的关系

从图 2-6 中可以看出，本金的累计投入都是 9.6 万元，定投期限也都是 10 年，但是最终的收益却分别为 11.8 万元、13 万元、14.9 万元、16.8 万元、19.9 万元、23.7 万元，很明显其预期的收益率越高，到期后它的回报也越高，收益最高的品种约是收益最低品种的 2（23.7÷11.8）倍。

可见，即使定投期限相同，投资者每月投入的金额也相同，但是如果定投的预期收益率不同，那么最终的收益也会相差甚远。

2.4　关于基金定投的常见问题

2.4.1　为什么要以定投的方式投资基金

1.降低投资风险，并进行合规性投资

投资有风险，而每一个投资品种的风险各不相同，购买基金也是如此，尤其是股票型基金和混合型基金的风险还是比较大的。

从政策上来说，按照证监会 2017 年 7 月 1 日发布的《证券期货投资者适当性管理办法》的规定，购买股票型或者混合型基金是属于风险比较大的投资，投资者若想直接购买股票型基金和混合型基金，自身的风险承受能力必须达到稳健型以上也就是积极型或激进型的标准。证监会制订该项投资规定是希望投资者自身的风险承受能力和投资产品的风险等级相匹配，这样可以最大限度地保护投资者的资产不受损失。但是在现实生活中，大部分工薪家庭的风险承受等级为偏保守型，即属于防御型或稳健型。所以，严格来说，如果投资者不具备积极型和激进型的风险承受能力，而又想在基金公司直接投资购买股票型和混合型基金，这明显就是和《证券期货投资者适当性管理办法》中的规定相悖。

普通投资者虽然不适合通过单笔购买的方式直接投资于股票型或混合型基金，但是可以以基金定投的方式间接购买股票型和混合型基金。这也是证监会发布的《证券期货投资者适当性管理办法》所允许的投资方式。

【知识链接】《证券期货投资者适当性管理办法》中关于风险提示的部分条款

第十八条　经营机构应当根据产品或者服务的不同风险等级，对其适合销售产品或者提供服务的投资者类型作出判断，根据投资者的不同分类，对其适合购买的产品或者接受的服务作出判断。

第十九条　经营机构告知投资者不适合购买相关产品或者接受相关服务后，投资者主动要求购买风险等级高于其风险承受能力的产品或者接受相关服务的，经营机构在确认其不属于风险承受能力最低类别的投资者后，应当就产品或者服务风险高于其承受能力进行特别的书面风险警示，投资者仍坚持购买的，可以向其销售相关产品或者提供相关服务。

第二十条　经营机构向普通投资者销售高风险产品或者提供相关服务，应当履行特别的注意义务，包括制定专门的工作程序，追加了解相关信息，告知特别的风险点，给予普通投资者更多的考虑时间，或者增加回访频次等。

第二十一条　经营机构应当根据投资者和产品或者服务的信息变化情况，主动调整投资者分类、产品或者服务分级以及适当性匹配意见，并告知投资者上述情况。

第二十二条　禁止经营机构进行下列销售产品或者提供服务的活动：

（一）向不符合准入要求的投资者销售产品或者提供服务；

（二）向投资者就不确定事项提供确定性的判断，或者告知投资者有可能使其误认为具有确定性的意见；

（三）向普通投资者主动推介风险等级高于其风险承受能力的产品或者服务；

（四）向普通投资者主动推介不符合其投资目标的产品或者服务；

（五）向风险承受能力最低类别的投资者销售或者提供风险等级高于其风险承受能力的产品或者服务；

（六）其他违背适当性要求，损害投资者合法权益的行为。

2.每月结余并不多

普通投资者大多是工薪族，每月结余资金量并不太多，因此往往无法一次性拿出大额资金购买股票型或者债券型基金，但是却可以以定投的方式，每月拿出开支结余的一部分来购买。

3.强制储蓄

基金定投有着强制储蓄的功能，投资者通过每月定投的方式购买基金，不仅能获取复利带来的巨大收益，还能以持续增加本金的方式使"雪球"越滚越大，同时还能养成良好的消费和储蓄习惯，为以后的生活积累本金，未雨绸缪，以备不时之需。

2.4.2　基金定投适合哪些人

基金定投到底适合哪些人呢？从投资时间来说，定投的时间越长，收益越丰厚。所以，基金定投特别适合20多岁和30多岁的工薪族使用。

之所以适合工薪族，是因为工薪族平时的收入减去日常开销之后，就所剩无几了。那么小额的定期定额投资方式就特别适合他们。同时，工薪族平时没有太多时间去金融机构办理申购手续，因此设定每个月从账户中自动扣款的定期定额投资，对工薪族来说是最省时、省力的方式。还有一点，许多年轻的工薪族因为没有足够的投资经验，常常陷入"泥潭"中难以自拔，最终丢失本金。对于这些尚无投资经验，或者不适合独立投资的人来说，基金定投可以让投资者避免陷入跟风的怪圈。

2.4.3 适合做基金定投的"计划"

基金定投是一个有计划、有纪律的长期投资方式，一个优秀的基金定投计划绝不是为了定投而定投的。要想把基金定投做好，一定要制订一个完整的可执行计划和明确的投资目标。这个计划包括每次扣款的时间、投资标的、每次扣款的金额、投资的总年限以及在漫长的投资过程中应对不同市场行情的方法等。那到底什么样的计划适合通过基金定投积累资金呢？答案如图2-7所示。

常见定投计划

养老储备计划	子女教育计划	家庭置业计划	理财增值计划	其他娱乐计划

图 2-7 适合做基金定投的计划

1. 养老储备计划

养老储备计划即通过基金定投的方式为自己储备充足的养老金。国家的退休金用于保障基本生活所需，而若想过得更殷实，就需要尽早储备养老金。而基金定投就是一个十分理想的方式。

2. 子女教育计划

该计划是使用基金定投的方式为子女储备除了常规教育费用以外的其他费用，比如子女读研究生、读博士的费用、自费留学的费用等。对这些费用，只有父母提前准备，孩子到时候才有更多的选择。这些费用也是比较大的开销，距离现在的时间也比较远，所以非常适合用基金定投的方式积累资金实现这个计划。

3. 家庭置业计划

该计划是以买房置业为目标的定投计划，通过基金定投计划可以帮助年轻人尽早实现自己买房置业的梦想，就算不能完全实现，也可以在其单独置业时助其一臂之力。

此外，余额理财、旅游娱乐等金额较小的投资计划都比较适合用基金定投的方式实现。

下面结合具体案例米看看基金定投是怎么实现上述计划的。

⑪【案例分析】常见的基金定投计划

王先生在一家房地产公司担任宣传策划，月收入8 000元。他的妻子在一所学校工作，月收入5 000元。他们的孩子今年6岁，马上准备升入小学。由于种种原因，他们一直租住在市区的一所公寓内。王先生希望通过投资理财的方式实现收入增长的目标，进而实现购房、子女教育、养老这三大人生目标。

若想要为家庭的不同成员打造相应的理财计划，就要"对症下药"。王先生根据自身的实际情况，采取基金定投的方式进行理财。

计划一：购房计划

为了能够尽早买房，建议王先生一家可以选择基金定投。具体做法是每月夫妻俩把薪资中的一部分如王先生的工资一部分（3 000元）和妻子工资的一部分（2 000元）定投到成长性好的股票型基金，经过5～6年的时间，在本金积累和基金投资复利收益的效应下，基本能够支付首套住房的首期。此后，通过基金定投所获收益还能支付部分按揭款，可谓一举两得。

计划二：教育计划

教育决定未来，尽可能让孩子接受高等教育，这是广大父母的共识，但孩子的教育费用是一笔非常大的投资。很多家庭目前还在采取每月储蓄定额存款的方法为孩子积累日后的教育资本，这显然已经不适合现代家庭理财。

王先生夫妻可以从现在起，每个月用一定金额定投混合型基金（如每月定投800元至1 500元），在孩子成年时，基金的收益和复利收益等可以为孩子接受良好的高等教育（或留学国外）提供资金保障。

计划三：养老计划

我国逐渐步入老龄社会，王先生夫妻二人如果想在晚年有比较安逸的生活，同样可以通过基金定投实现此类保障。

现在市面上的大多数基金公司都为老年人推出了夕阳红等养老计划的基金定投理财，例如可以从35～40岁开始，每个月用固定金额定投股票型基金，由于这个时候夫妻两人还属于青壮年，创收能力还较高，因此可以考虑每个月投入1 000元～2 000元，并酌情增加。50岁以后再把基金定投对象转换为风险更小的混合型基金。到60岁完全退休时，以往的投资积累再加上过去积累的强制性养老保险，足够一对老年夫妇过上富足的退休生活。

2.4.4　决定基金定投收益的三个条件

决定基金定投收益的条件有很多，比如基金的类型、基金经理的管理能力、市场行情的变动等，但是在这些因素和条件中最关键的是投资时间的长短、投资收益率和每次投资的金额，如图2-8所示。

决定基金定投最终收益多寡的三个条件

图2-8　决定基金定投收益的三个条件

1.投资时间的长短

在基金定投中，时间是最重要的因素之一。定投时间的长短和心态有关。拥有一个正确且积极的投资心态是进行基金定投的前提，心态越好，越容易坚持下来，坚持的时间越久，收益越高。

2.投资收益率的高低

对于指数型基金来说，通过定投的方式购买可以获得和大盘涨跌相符的收益，但是如果要获得高于大盘的收益，则应当投资一些主动型基金，这需要投资者拥有更多的技巧并承担更大的风险。总而言之，投资的收益率越高，通过基金定投获得的回报越多，投资的收益率越低，通过基金定投获得的回报越少。

3.定投的金额

在收益率和定投时间相同的情况下，每期投入的金额越多，到期时获得的收益就越丰厚。每个人的情况都不一样，收入也有多有少。刚刚参加工作的年轻人收入往往十分有限，前期可以先定投较小的金额，随着自己工作职位的提升和工资的增长，再适当加大定期投入的金额，以获取更多的收益。

第 3 章

基金定投的操作方法

　　投资者在购买基金时首先要弄清楚的问题就是在哪里申购以及怎么开户、有哪些开户条件和开户的渠道等。在了解了这些基本问题之后，还要知道在哪些地方申购基金费用最划算。那么，申购基金的渠道到底有哪些，现在市场上主流的第三方基金销售机构有多少，哪些是比较靠谱的？怎样在基金公司的官网和第三方独立销售机构的平台上开户？开户后如何进行基金的申购、赎回、修改分红方式、设置扣款计划？本章针对上述问题进行详细说明。

3.1　正规的基金销售渠道有哪些

现在市面上申购基金的合法渠道主要有三种，分别是各大基金公司的直销渠道、各大商业银行和证券公司的代销渠道及第三方销售平台的销售渠道（也称为独立销售渠道）。下面就对这三种渠道分别进行说明。

3.1.1　直销渠道

顾名思义，直销渠道的意思就是直接销售渠道。如果把基金看成一个商品的话，直销渠道就是厂家直销，截至 2017 年 10 月，我国共有 130 多家基金公司，而这些公司中的绝大部分都开通了直销渠道。比如华夏基金公司，若投资者想要购买华夏基金公司的产品，则只需要在华夏基金公司的官方网站上注册和开通账户，即可以进行在线申购和赎回操作。除了在官网上可以进行操作外，投资者还可以通过微信公众号、手机应用软件及线下柜台和电话进行基金的申购、赎回等操作。只要是隶属于基金公司的基金买卖的方式，都被称为基金公司的直销渠道。同时，通过基金公司的直销渠道来申购和赎回基金及办理相关业务的投资者，也被称为基金公司的直销客户。嘉实公司的直销渠道如图 3-1 所示。

官网：～～～～～～～～～

官方微信服务号：js65215588

手机APP软件：理财嘉

图 3-1　嘉实基金的直销渠道

3.1.2　代销渠道

还是把基金看成商品，那么生产厂家（基金公司）除了直销之外还希望签约更多的代理商来帮助它们销售更多的产品。基金公司为了更好地销售旗下的产品，也会找一些机构代理和销售基金。基金公司会根据销售量向这些代销机构支付销售费用。

这些代销机构一般是金融行业的其他主体，比如商业银行、证券公司、期货公司、保险公司和证券投资机构。之所以称之为"代销"，是因为这些机构是在各自的主营业务（如银行的主营业务是存贷款、保险公司的主营业务是保险销售）之外代销基金的。它们一方面是为了赚取代销费，另一方面也是为了给客户提供更加全面的金融服务，从而提高自身竞争实力。

3.1.3　独立销售渠道

独立销售机构跟其他机构不同，因为它没有其他业务，唯一的业务就是销售基金产品，因此形成的销售渠道就叫独立销售渠道。独立销售机构也被称为第三方基金销售机构或者第三方独立销售平台。

▦【知识链接】部分第三方独立基金销售机构

1	诺亚正行（上海）基金销售投资顾问有限公司	10	上海凯石财富基金销售有限公司
2	深圳众禄基金销售有限公司	11	上海景谷资产管理有限公司
3	上海天天基金销售有限公司	12	北京恒宇天泽投资管理有限公司
4	上海好买基金销售有限公司	13	上海朝阳永续投资顾问有限公司
5	蚂蚁（杭州）基金销售有限公司	14	上海中正达广投资管理有限公司
6	上海长量基金销售投资顾问有限公司	15	深圳前海京西票号基金销售有限公司
7	浙江同花顺基金销售有限公司	16	北京乐融多源投资咨询有限公司
8	北京展恒基金销售有限公司	17	上海攀赢金融信息服务有限公司
9	上海利得基金销售有限公司	18	深圳新华信通资产管理有限公司

3.2　三种主流的基金销售渠道

通过上一节的讲解，大家已经对基金销售的模式和渠道有所了解，那么在基金的销售过程中，这几种渠道各自又有什么样的特点，又各自适合什么样的投资对象呢？

下面重点从申购费率和渠道特点两个方面进行讲解。

3.2.1　申购费率

投资者购买基金是要支付申购费的，而每只基金的申购费并不一样，大部分申购费率都是 1.5%。不过，随着基金市场的发展和竞争的激烈化，大部分基金公司和销售渠道都会对基金申购费进行打折。

首先，基金公司官方销售渠道的申购费用都是有折扣的，目前主流的基金公司对其基金产品的申购费率都是打四折，少数的打六折。对长期做定投的投资者，有些基金公司还有更加优惠的措施，比如积分兑换、打一折（即申购费率为0.15%）甚至在特殊活动期间免除申购费用等。总体来说，基金公司直销渠道的申购费用是中等偏低的。

其次，因为基金的代销渠道众多，代销机构的性质也不一样，所以它们给出的申购费的折扣力度也不尽相同。各家商业银行、保险公司和保险经纪公司的基金申购费用是不打折的，一般都是按照1.5%收取，它们收取的申购费也是所有机构中最高的。证券公司、期货公司和证券投顾机构针对不同的客户，会收取不尽相同的申购费。因为证券公司的客户级别不一样，其开户时所签订的证券交易佣金各不相同，所以投资者名下的基金申购费也有所区别。总体来说，代销渠道的基金申购费用是打四折到六折不等。

最后，独立销售渠道也就是第三方销售渠道的基金申购费用是最低的。绝大多数的独立销售机构对基金的申购费都是无条件打一折，即0.15%。投资者通过该渠道申购基金比其他渠道更加优惠。

综上所述，独立销售渠道的申购费用是最低的，其次是基金直销渠道和代销渠道中的证券公司、期货公司和证券投顾公司，而最贵的是代销渠道中的商业银行、保险公司和保险经纪公司。下面以一个案例来进行说明，看看它们之间的差距到底有多大。

【案例分析】

某投资者进行10万元基金的申购，申购费率是1.5%，选择不同的购买渠道其申购费分别是多少呢？

直销渠道：一般打四折，申购费 =100 000×1.5%×0.4=600元。

代销渠道：商业银行、保险公司和保险经纪公司一般不打折，申购费 =100 000×1.5%=1 500元；证券公司、期货公司和证券投顾公司一般打四折或者六折，申购费 =100 000×1.5%×0.4=600元或10 000×1.5%×0.6=900元。

独立销售渠道：一般打一折，申购费 =100 000×1.5%×0.1=150元。

可见，申购费最贵的银行和保险公司以及最便宜的独立销售渠道之间的差距还是比较大的：最高相差1 350（1 500-150）元。

3.2.2　各销售渠道的特点

三种不同的基金销售渠道的特点如下。

首先对于基金的直销渠道而言，基金公司只卖自家公司的产品，不销售其他公司的产品，因此产品的种类比较有限，选择的余地不多，在该渠道只能购买同一家基金公司旗下的基金种类。如果投资者只持有一种基金或者只持有一家公司的基金，可以选择该渠道进行申购。如果投资者不仅仅投资一家公司的基金，则需要在不同基金公司的官网、手机应用软件或者官方公众微信号进行注册、登录，还要记住不同的登录账号和交易密码，这时就显得十分不便。

其次，代销渠道能在一定程度上弥补直销渠道的不足。一般的代销机构都会代销多家基金公司的基金产品，以便让顾客有更多的选择余地。但是，它们代理的基金产品和签署代理协议的基金公司数量也十分有限。值得注意的是，对于不同的代销渠道而言，它们有着各自的特点。

例如，大部分的投资者对银行的信任感十足，认为通过银行渠道包括银行柜台、手机银行、网上银行来申购基金是十分安全的；以证券公司为代表的代销渠道手续费适中，代理的基金公司和基金产品也十分丰富，这个渠道很受股票投资的人青睐，因为他们只需要安装一个软件就可以完成基金申购和股票投资，后期查看收益也比较方便；以证券投顾为代表的代销渠道一般只为资金雄厚的投资人士服务，在为他们提供基金销售的同时确定不同的投资方案。

最后，对独立销售渠道而言，其主营业务就是基金销售，而且也只做这一项业务。所以，独立销售机构所代理的基金公司和基金品种是最丰富的，申购费也最低（一般为一折），同时还可以为不同的投资者提供各种专业的信息咨询和服务。投资者如果投资了不同基金公司的多种基金产品，选择独立销售机构进行交易就比较方便，只需要在独立销售机构平台注册一个账号即可完成所有的基金交易和操作，投资方便还可以节省申购费用。

投资基金的渠道的申购费高低和特点如图3-2所示。

投资基金的正规渠道

方式	渠道	申购费	特点
直销渠道	各基金公司官方	中低	只卖自家基金
代销渠道	各商业银行	高	老年人/新手最爱
	保险公司/保险经纪公司	高	无
	各证券公司/期货公司	中	投资股票者喜欢
	证券投顾机构	中	为资金雄厚人士定制
独立销售渠道 (第三方基金销售机构)	独立基金销售机构	更低	产品全、功能优

图 3-2　投资基金的渠道和特点

3.3　第三方基金销售平台安全吗

通过前面的学习，大家已经知道投资者购买基金的资金是存放在托管银行的，而基金公司代投资者进行管理投资，投资者和基金公司之间、基金公司和托管银行之间只有信息交换的关系，并无资金的往来，只有投资者与托管银行之间才是资金托管的关系。

而现在在基金交易的关系中又多了一个销售机构，不管这个销售机构是银行、券商、保险公司等代理的销售机构，还是第三方独立的销售平台，它们在整个基金交易的过程中也无法触碰到投资者的资金。基金代销机构和第三方独立销售平台同样只负责信息流的处理，基金投资者的钱还是直接打入相应的托管银行进行保管。所以即使是这些机构都破产倒闭了，投资者的资金也是安全的，如图 3-3 所示。

在第三方销售机构买基金安全吗

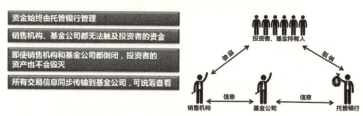

图 3-3　基金四方关系图

另外，不论基金通过哪个渠道进行销售，最后所有的信息都会汇集到该只基金所属的基金公司官网上，投资者可以在其官网上直接查看。下面以案例来进行说明。

⚫ 【**案例分析**】从不同渠道购买基金的信息的汇总

　　某位投资者偏好购买货币型基金，准备于近期购买嘉实活期宝货币进行投资，并先后于 2017 年 9 月 22 日和 9 月 27 日两天分别通过蚂蚁基金销售公司旗下的支付宝和天天基金网进行申购，每次申购的金额都为 100 元。

　　9 月 22 日通过支付宝 APP 成功购买 100 元嘉实活期宝货币基金的界面如图3-4 所示。

图 3-4　支付宝 APP 上购买嘉实活期宝货币基金

　　9 月 27 日通过天天基金网成功购买 100 元嘉实活期宝货币基金的界面如图3-5 所示。

产品	嘉实活期宝货币		
交易类型	申购	分红方式	---
单位净值	1	手续费	0
确认金额	100	确认份额	100
销售机构	上海天天		
处理结果	确认成功		

图 3-5　天天基金网上购买嘉实活期宝货币基金

　　在购买之后，投资者可以登录嘉实基金公司的官网进行查询，查询结果如图 3-6 所示。不管是通过哪种渠道和哪家公司申购，最终都可以在该只基金归属的基金公司官网上查询总的购买信息。

销售机构	确认日期	基金代码	基金名称	业务名称	确认金额
上海天天	20170928	000464	嘉实活期宝货币	申购	100
蚂蚁(杭州)基金销售有限公司	20170926	000464	嘉实活期宝货币	申购	100

图 3-6　嘉实基金官网上嘉实活期宝的购买信息

此外不管投资者以后在什么销售渠道如银行、保险公司、期货公司等申购该只基金，只要成功买入，都可以在嘉实基金的官网、微信公众号、手机APP等官方渠道上一并查询。

3.4　值得推荐的独立销售机构

如果投资者购买的基金较多，而且分属于不同的基金公司，为了操作方便快捷，选择独立的第三方销售渠道进行申购比较合适，因为这时投资者只需要注册一个账号就可对所有的基金进行申购和赎回等操作，非常方便。

那么该怎样选择合适的第三方基金销售平台呢？

3.4.1　持续运营的时间和规模

在图 3-7 中，天天基金、众禄基金、好买基金都是 2012 年 2 月第一批成立的四家基金公司中的三家，数米基金和同花顺旗下的爱基金是在 2012 年 4 月成立的。这五家是成立时间比较早、用户规模比较大的第三方基金销售平台，而且自成立以来一直专门从事基金销售方面的业务。在选择独立销售机构时一定要考虑其持续运营的时间和客户的规模，首选那些持续运营时间长、客户规模大的第三方基金销售平台。

第三方基金销售平台

	名称	所属机构名称
独立销售渠道	**天天基金**	上海天天基金销售有限公司
	众禄基金	深圳众禄基金销售有限公司
	好买基金	上海好买基金销售有限公司
	爱基金	浙江同花顺基金销售有限公司
	数米基金（现名：蚂蚁财富）	原：杭州数米基金销售有限公司 现：蚂蚁（杭州）基金销售有限公司 支付宝或蚂蚁财富APP

图 3-7　第三方基金销售平台

3.4.2　代理基金的数量

第三方销售机构需要和基金公司签订相关的代理协议，之后才能开展销售业务。很明显，一些规模较小的第三方销售机构不可能与所有的基金公司签订代理销售协议，或者无法代理销售某家基金公司旗下的所有基金产品。因此，第三方销售机构的平台上销售基金产品种类的多少也是投资者需要考虑的问题。而在图 3-7 中所列出的五家公司所代理的基金产品相对来说还是比较丰富的，一般都在 2 000 只以上，尤其是对一些主流、优质的基金产品已经实现了全覆盖，足够满足一般投资者的投资需求。

3.4.3　用户的便利度

虽然第三方销售平台和大部分基金公司都有相应的合作，但是在合作深度及用户的使用感受、便利程度上却不尽相同，有的体现在是否可以同时支持定投和单笔买入上，有的体现在定投最低金额上。例如对于博时量化多策略股票 C（005636），天天基金同时支持定投和单笔买入两种投资方式，但是蚂蚁财富则只支持单笔买入，不支持定投。相比于定投，单笔买入的风险是比较大的。

【案例说明】 博时量化多策略股票 C

投资者可以通过天天基金网或者蚂蚁财富购买博时量化多策略股票 C、登录相应的手机 APP 后，进入申购界面，可以非常清楚地看到在蚂蚁财富的申购界面中（图 3-8 中的左图所示）只有买入这一种选择，而天天基金网的申购界面（图 3-8 中的右图所示）却有购买和定投两种选择。对于投资者而言，自然是天天基金网的申购界面更加便利，不管是单笔买入还是基金定投在这一个界面中都可以完成。

图 3-8　博时量化多策略股票 C 在不同渠道中的申购方式

用户体验度和便利度的差别有时还体现在最低申购额上。下面以申万菱信量化小盘股票（163110）为例进行说明。

⦿【案例分析】申万菱信量化小盘股票（163110）

投资者可以通过天天基金网或者爱基金购买申万菱信量化小盘股票（163110）：登录相应的手机 APP 后，进入申购界面，可以非常清楚地看到在爱基金的申购界面（图 3-9 中的左图所示）中，申购起点为 1 000 元，而天天基金网的申购界面（图 3-9 中的右图所示）申购起点是 100 元。对于投资者而言，天天基金网的申购起点相对较低，对投资者特别是一些每月结余不多的年轻"月光一族"而言更加便利。

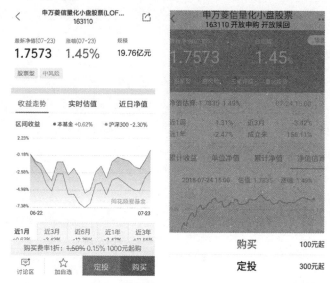

图 3-9　申万菱信量化小盘股票（163110）在不同渠道中的申购起点

投资者还应关注各个独立销售机构的附加业务。例如，天天基金对大部分基金都支持超级转化功能，这个功能在基金调仓时特别方便，尤其是在同属一家基金公司的两只基金之间调仓还有手续费的优惠。

独立销售机构提供的多种交易平台也是会给投资者带来贴心的服务体验。例如，众禄基金和天天基金等都有自己的官网，同时还有手机 APP 和官方微信公众号，都可以进行基金的投资交易，而蚂蚁财富虽然没有官网，只有手机APP，但是它可以跟用户的支付宝相连，即用户如果拥有支付宝账号，则不需要再次进行信息注册，直接用支付宝账号和密码登录即可进行操作。

3.5　基金开户流程

投资者进行基金的申购、赎回等操作的前提是其拥有合法账户。注册一个属于自己的账户需要几个步骤，在不同的平台上也有差异。现在以易方达基金公司官方网站和以天天基金网为代表的独立销售机构这两个不同平台分别进行说明。

3.5.1　在易方达官网上注册

第一步，填写基本信息，输入手机号并填写获取的手机验证码，如图 3-10 所示。

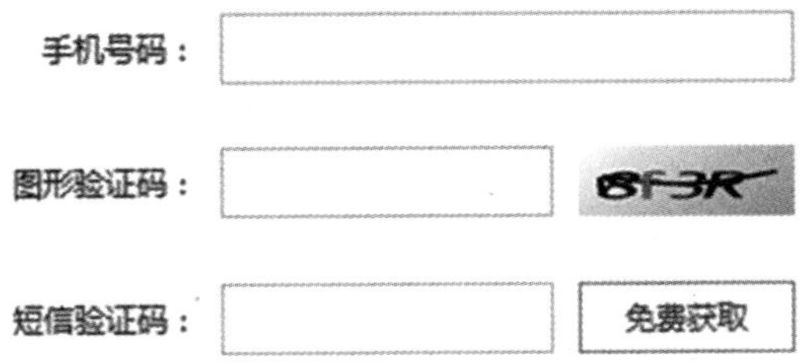

图 3-10　手机号码及验证码填写

第二步，输入与所绑定的银行卡一致的实名信息，如图 3-11 所示。

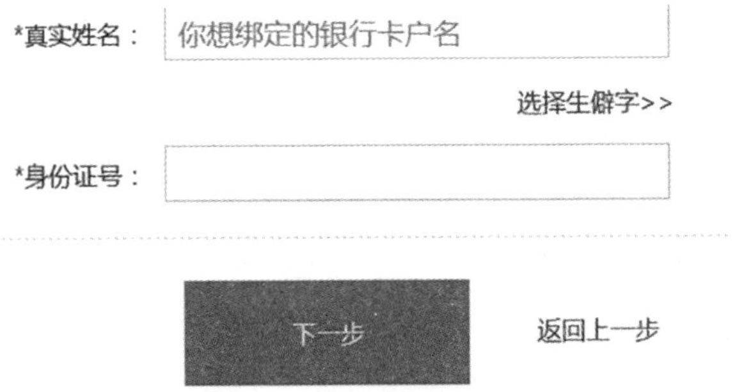

图 3-11　输入与所绑定银行卡一致信息

第三步，绑定银行卡，并填写与之相关的基本信息，如图 3-12 所示。填写在银行的预留信息，如图 3-13 所示。

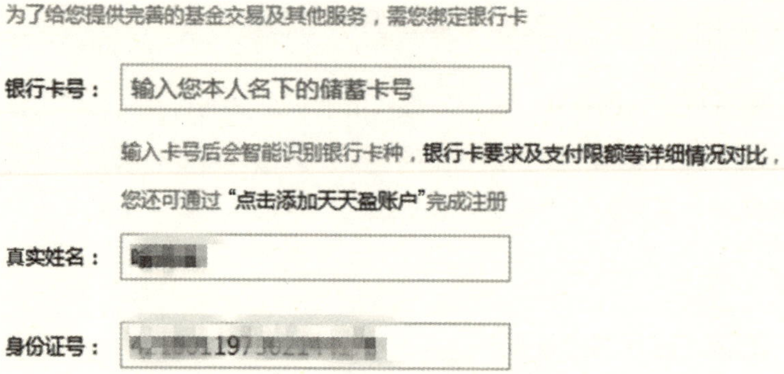

为了给您提供完善的基金交易及其他服务，需您绑定银行卡

银行卡号：　输入您本人名下的储蓄卡号

输入卡号后会智能识别银行卡种，银行卡要求及支付限额等详细情况对比，

您还可通过"点击添加天天盈账户"完成注册

真实姓名：　嗡▇▇▇

身份证号：　4▇▇▇197▇02▇▇▇

图 3-12　绑定银行卡

为了给您提供完善的基金交易及其他服务，需您绑定银行卡

6222 0210

银行卡号：　62220210　　　　　　　　中国工商银行

输入卡号后会智能识别银行卡种，银行卡要求及支付限额等详细情况对比

您还可通过"点击添加天天盈账户"完成注册

验证方式：　⊙ 快捷验证　　○ 网银验证
仅验证银行预留手机号码

真实姓名：　▇▇▇▇

身份证号：　▇▇▇▇▇▇▇▇

银行预留手机号：

验证码：　　　　　　　　　　免费获取

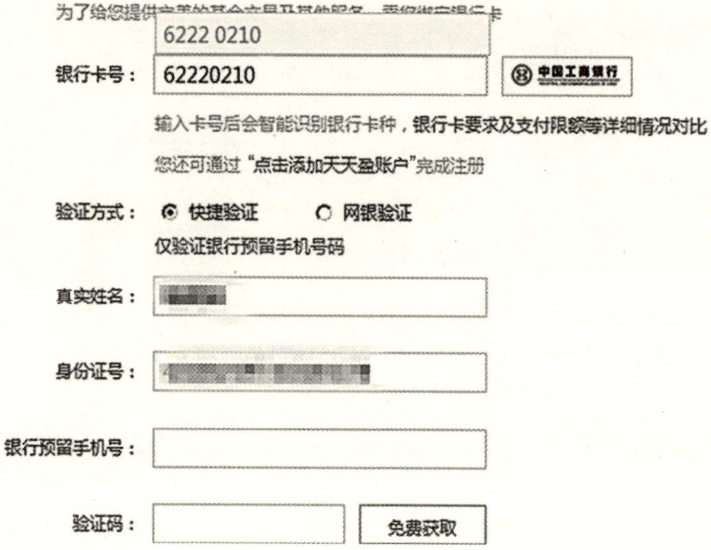

图 3-13　填写在银行的预留信息

第四步，前去网银页面进行验证，验证方式包括快捷验证（验证银行预留手机号码）以及网银验证，如图 3-14 所示。

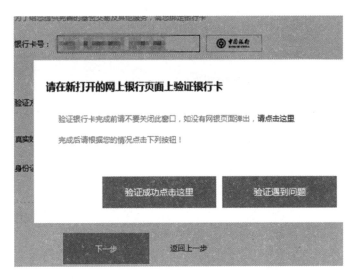

图 3-14　网银页面进行验证

成功注册后系统会自动提示，如图 3-15 所示。

图 3-15　成功注册

3.5.2　在天天基金手机 APP 上注册

第一步，打开天天基金手机 APP，单击"注册"按钮并填写手机号码，如图 3-16 所示。

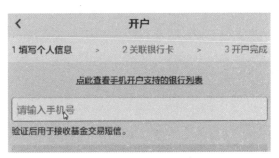

图 3-16　注册并填写手机号码

第二步，填写手机验证码，如图 3-17 所示。

图 3-17　填写手机验证码

第三步，设置好交易密码，如图 **3-18** 所示。

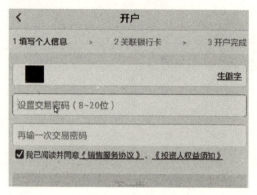

图 3-18　设置交易密码

第四步，填写银行卡号码、身份证号码和在银行预留的与绑定银行卡相符的个人信息，如图 **3-19** 所示。

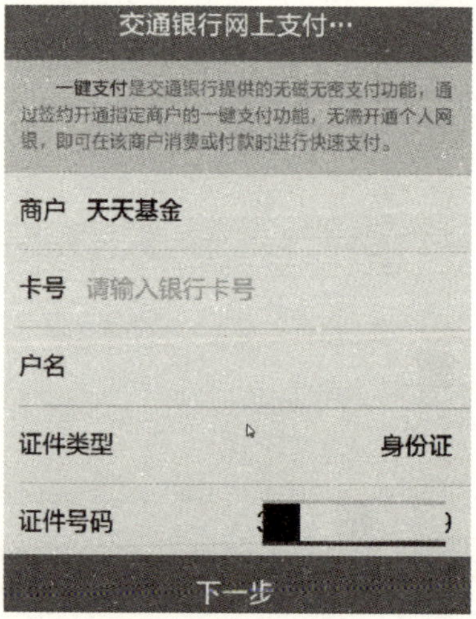

图 3-19　填写银行卡号码和持卡人身份证号码

第五步，完成对与银行相关信息的核对，并单击"确认"按钮，完成注册，如图 3-20 所示。

图 3-20　完成相关信息核对

3.6　基金申购、赎回与修改分红方式

投资者在投资基金时，免不了对基金的申购、赎回和分红方式进行修改操作。那么如何在官网或者手机 APP 上操作呢？下面以天天基金的手机 APP 为例来详细讲解进行上述修改操作的方法。

3.6.1　申购

以嘉实沪港深精选股票（001878）为例，假设某投资者准备对该只基金进行申购，申购的金额为 100 元。

第一步，打开天天基金手机 APP，搜索 001878（嘉实沪港深精选股票），如图 3-21 所示，单击搜索结果进入购买界面。

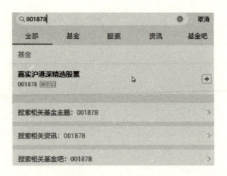

图 3-21　搜索 001878

第二步，进入购买界面后单击左下角的定投 / 购买。在该选项中选择购买方式（本例选择定投），如图 3-22 所示。

图 3-22　选择购买方式申购基金

在申购金额界面输入金额为"100 元"，如图 3-23 所示。

图 3-23　输入申购金额

在交易密码界面输入天天基金的交易密码（非银行卡密码），如图 3-24 所示。

图 3-24　输入交易密码

第三步，在单击"确认"按钮后，系统自动提示申请受理成功并告知申购份额的确认时间，如图 3-25 所示。

图 3-25　申购受理成功

3.6.2　赎回

在持有某只基金的前提下，投资者可以对该只基金进行赎回操作，还是以嘉实沪港深精选股票为例进行说明。

第一步，打开天天基金手机APP，搜索001878并进入申购赎回界面，如图 3-26 所示，单击最下行的"卖出"按钮。

图 3-26　基金申购赎回界面

第二步，选择资金到账的途径，可以选择"回活期宝""回银行卡"或者"转入其他基金"，如图 3-27 所示，这里以选择回银行卡为例。

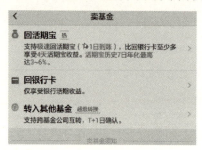

图 3-27　基金赎回的途径

第三步，在基金卖出界面输入想要卖出的份额并确认，如图 3-28 所示。

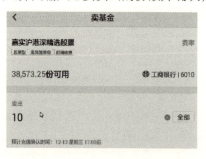

图 3-28　输入卖出基金的份额

第四步，在弹出的交易密码界面中输入交易密码并确认，注意该密码是天天基金手机 APP 的交易密码（非银行卡密码），如图 3-29 所示。

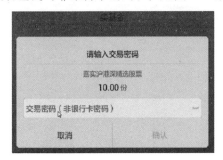

图 3-29　输入交易密码

第五步，单击图 3-29 中的"确认"按钮。系统提示申请受理成功，并告知赎回金额的确认和到账时间，如图 3-30 所示。

图 3-30　申请受理成功

3.6.3　修改分红方式

投资者在投资的过程中经常会对基金分红方式进行修改。首先，投资者应该确保自己持有基金，只有在这种情况下才能修改分红方式。还是以嘉实沪港深精选股票为例。

第一步，搜索进入该只基金的申购赎回界面（如图 3-26 所示），单击右下角的"更多"按钮，在弹出的界面中单击"修改分红方式"按钮，如图 3-31 所示（该投资者此前已选择"红利再投资"方式）。

图 3-31　修改分红方式界面

　　第二步，在弹出的修改界面中选择"红利再投资"或者"现金分红"，如图 3-32 所示，完成修改即可。对于该投资者而言，因为其所选择的分红模式已经为"红利再投资"，所以可以保持或者改成"现金分红"。

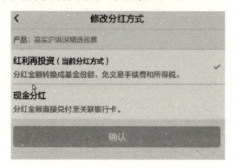

图 3-32　分红方式的选择

3.7　在天天基金手机 APP 上设置扣款计划

3.7.1　基金定投的设定过程

　　投资者在对基金进行定投前，首先要弄清楚基金定投的基本流程及相关注意事项。下面以在天天基金网手机 APP 上对嘉实沪港深精选股票进行定投操作为例来详细说明相关步骤和注意事项。

第一步，打开天天基金手机 APP，单击位于右下角的"我的"，再在页面中找到"定投"选项并单击进入，如图 3-33 所示。

图 3-33　天天基金手机 APP 中的投资者的个人界面

第二步，搜索 001878（嘉实沪港深精选股票），再在定投界面中设置每月定投的金额、扣款日和支付方式，如图 3-34 所示。

图 3-34　在定投界面中设置定投金额、扣款日和支付方式

支付成功后，系统自动提示"计划设置成功"，如图 3-35 所示。

图 3-35　计划设置成功

3.7.2　对多个定投计划的管理

　　大多数投资者都会对多个基金进行定投，那么怎么对多个基金定投计划进行管理呢？例如，某位投资者在天天基金手机 APP 上拥有多个基金定投计划，如图 3-36 所示。

图 3-36　投资者的多个基金定投计划

　　假设投资者某日对嘉实沪港深精选股票（001878）进行终止定投的操作，则可以直接单击该只基金，然后在弹出的界面中单击右上角"管理计划"，选择"终止"选项，如图 3-37 所示。

图 3-37　嘉实沪港深精选股票管理界面

之后，系统会自动提示受理结果"计划已终止"，如图 3-38 所示。

图 3-38　提示"计划已终止"

这时，正在进行中的计划数量由 4 个变成 3 个，终止 001878 后的定投列表如图 3-39 所示。

图 3-39　终止 001878 后的定投列表

假设这时候，该投资者想恢复已经暂停的申万菱信量化小盘股票（163110），则只需直接单击该只基金定投计划，并在弹出的计划详情界面中选择"自动恢复定投计划"即可完成操作，如图 3-40 所示。

图 3-40　恢复 163110 的定投计划

　　至此，投资者完成了在天天基金手机 APP 上对自己多个定投计划的管理。

第 4 章

手把手教你分析基金

　　投资者在购买基金的时候，除了了解基金的开户、申购和赎回等流程外，更重要的是知道如何才能挑选一只优秀且适合自己的基金。这需要投资者分析与基金有关的各项数据，那么普通投资者应该从哪些方面入手，在这中间又该如何选择？本章从各个方面为投资者讲解分析基金的方法。

4.1 基金的名称、成立时间和类型

4.1.1 名称

基金的名称包括两个方面，即基金的中文名称和代码，比如，汇丰晋信大盘股票 A（540006）的中文名称为汇丰晋信大盘股票 A，代码为 540006。基金的名字是基金公司取的，而基金的编号则是证监会审批通过后随机分配的，没有任何规律可言。该基金名称的最后一个字母 A 是一个后缀，这种后缀一般只存在于开放式基金中。"汇丰"是基金公司名称，"大盘"说明该只基金主要以投资大盘股票为主。又比如南方 500 指数型基金，基金公司是南方基金公司，标的是中证 500 指数；易方达增强回报债券 B，基金公司是易方达，投资标的以债券为主。

▦【知识链接】基金名称后缀中的 A、B、C

基金名称后面的 A、B、C 是指开放式基金的名称后面都分别标有 A、B、C 等不同标记。对某些基金品种来说，同一个基金名称 + 后缀 A、B、C 其实为同一只基金，如交银增利 A、B、C，它们仅在认（申）购费率、基金净值上有部分区别：A 类为前端收费模式，申购基金时一次性付费；B 类为后端收费模式，申购时不收费用，而赎回时收取；C 类收费模式是指不收取申购费，但收取销售服务费。需要注意的是，并非所有带有字母后缀的基金其 A、B、C 的含义都一样，有个别基金名称后的字母后缀有特殊含义。

虽然说基金的名称在一定程度上反映了基金的投资风格，但是严格来说，基金的投资标的并不是一成不变的，它的名称也没有严格的导向性。下面以易方达中小盘混合为例进行说明。

◍【案例分析】易方达中小盘混合（110011）的名称和投资标的

易方达中小盘混合，从该基金的中文名称可以知道易方达是其基金公司，中小盘是它的主要投资标的，基金类型为混合式基金，110011 是证监会分配给该基金的基金代码。然而，这只基金的投资标的真的是以中小盘股票为主吗？通过在网上查询，可以看到该只基金的投资风格九宫图，如图 4-1 所示。

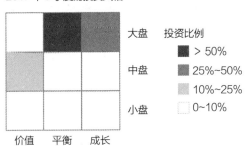

图 4-1　易方达中小盘混合（110011）的投资风格图

可以看到的是，在 2017 年 3 季度的投资风格中，该只基金对大盘股的投资比例已经高于 75%，对中盘股的投资比例也在 10% ~ 25%，而对小盘股几乎没有投资。这样看，该只基金的投资风格与它的名称就不太相符。其实，这只基金成立之初，它的投资风格确实是以中小盘股票为主，可是随着市场行情的变化，特别是最近几年大盘的表现绝大部分时间都好于小盘股，这导致该只基金的投资风格也发生了转变。这也从另一方面反映了基金的名称跟它的投资风格没有严格的对应关系，同时对它的投资范围也不构成任何风向性的约束。

4.1.2　成立时间

基金的成立时间对投资者选购也是重要的参考指标，总之，在收益率保持可观的前提下，投资者应尽量选择那些成立时间较早、基金公司口碑比较好的基金，至少选择跑赢同时期内同行的平均值或是位居同类基金前列的基金。因为一只基金只有成立的时间够长，才能完整地经历牛市、熊市、震荡市，才能考验它在不同市场时期中应对风险的能力。如果只是短期内表现较好，则不能代表相关基金未来有较好的发展趋势。如易方达中小盘混合（110011），通过网上查询，可知它的基本概况如图 4-2 所示，这只基金成立的时间比较长，而且完整地经历了牛市、熊市和震荡市的考验，并且还取得了不错的成绩，所以是一只比较优秀的基金。

易方达中小盘混合(110011)

净值估算2017-12-08 15:00	单位净值 (2017-12-07)	累计净值
3.6499 ↑ +0.0438 +1.21%	**3.6061** -0.71%	**3.9961**

近1月: -4.87%	近3月: 9.27%	近6月: 10.48%
近1年: 33.57%	近3年: 111.17%	成立来: 311.72%

基金类型: 混合型 | 中高风险	基金规模: 44.14亿元 (2017-09-30)	基金经理: ▨
成立日: 2008-06-19	管理人: 易方达基金	基金评级: ★★★★★

图 4-2　易方达中小盘混合（110011）的基本概况（数据来自天天基金网）

4.1.3　类型

　　基金的分类方式有很多：可以根据投资标的的不同，分为股票型、混合型、债券型等基金；也可以根据是否能随时赎回，分为开放型和封闭型基金；还可以根据组织形态的不同，分为公司型基金和契约型基金。此外还有其他一些划分形式，这些内容将在后续章节进行详细说明。

4.2　基金的净值和规模

　　投资者若想在基金市场中选择好的基金进行投资，就必须关注基金的净值和规模，因为它们是基金的两个核心指标。这两个指标影响基金的最终收益。

4.2.1　净值

　　首先，一只基金的净值分为单位净值、累计净值和净值估算。例如，申万菱信量化小盘股票（163110）基金的单位净值为 2.1603 元、累计净值 2.7003 元、净值估算 2.1839 元，如图 4-3 所示。这三个净值到底代表着什么含义呢?

图4-3　申万菱信量化小盘股票（163110）的净值估算、单位净值和累计净值的含义（数据来自天天基金网）

1. 单位净值

单位净值即每份基金单位的净资产价值，单位净值 =（基金的总资产 - 总负债）÷ 基金全部发行的总份数。在每个交易日收市以后，基金持有的股票、权证、债券、现金、票据等在当天的价值之和除以当天的基金总份额，即可得出当天的单位净值。比如，某天该只基金的净资产总值为 10 亿元，当天的基金总份额 5 亿份，则该只基金当天的单位净值为 2 元。而由于在每个交易日投资者都存在着申购、赎回等操作，因此该只基金的总价值、总份额也是不断变化的，所以该只基金的单位净值也是变化的。

2. 累计净值

累计净值指的是该基金自发行成立以来的净值，与单位净值不同的是它包括了分红、拆分份额等。如果一只基金的单位净值等于累计净值，则表明该只基金自发行以来没有发生过分红、拆分等事项。如果一只基金的单位净值小于累计净值，则表明该基金自发行以来存在分红、拆分等事项。比如，单位净值和累计净值均为 2 元的基金，决定每份分红 0.3 元，则分红除权后，基金单位净值为 1.7 元，累计净值仍为 2 元（有每份 0.3 元转成现金进入投资者账户），但是投资者的总资产并不改变。对于拆分而言同样也是如此，例如，单位净值 3 元的某只基金决定按 1:1 的比例拆分份额，在拆分后，基金的单位净值为 1.5 元，累计净值则为 3 元（投资者账户基金份额增加 1 倍，原持有 1 000 份变成 2 000 份，资产总额不变）。

为了让读者更好地理解基金的分红和拆分对基金净值和投资者资产总额的影响，下面举例进行详细说明。

【**案例分析**】基金的分红与拆分

如下表所示，投资者张三拥有某基金公司的某只基金份额 1 万份，10 月 8 日，该基金的单位净值为 1.65 元，则张三拥有总资产为 16 500（1.65×10 000）元。该基金公司准备于当天进行基金的分红，每份基金分红 0.3 元，张三选择的分红方式是现金分红，分红款将直接打入其银行卡中。10 月 9 日，该只基金分红后其基金净值变为 1.35 元，张三此时拥有的基金总金额为 13 500（1.35×10 000）元，银行卡资金 3 000（0.3×10 000）元，总资产 16 500（13 500+3 000）元。与分红前的总资产金额保持不变。

状态	分红前	分红后
日期	10 月 8 日	10 月 9 日
基金账户内资产	基金净值：1.65 元 持有份额：1 万份 总资产：1.65×10 000=16 500 元	基金净值：1.35 元 持有份额：1 万份 总资产：1.35×10 000=13 500 元
银行卡里资产	0 元	3 000 元
张三总资产	16 500+0=16 500 元	13 500+3 000=16 500 元

假设该基金公司这次不进行分红，而是按照 1:1 的比例对该只基金进行拆分，那么拆分前后张三的总资产又有什么变化呢？

如下表所示，在拆分前，该只基金的单位净值是 1.65 元，份额是 1 万份，此时的总资产金额是 16 500（1.65×10 000）元。在拆分后，该只基金的单位净值变成了 0.825 元，份额是 2 万份，这时总资产金额是 16 500（0.825×20 000）元。张三拥有的总资产金额同样也是保持不变。

状态	拆分前	拆分后
日期	10 月 3 日	10 月 4 日
基金账户内资产	基金净值：1.65 元 持有份额：1 万份 总资产：1.65×10 000=16500 元	基金净值：0.825 元 持有份额：2 万份 总资产：0.825×20 000=16 500 元
银行卡里资产	0 元	0 元
张三总资产	16 500+0=16 500 元	16 500+0=16 500 元

由此可见，不管是基金的分红还是拆分，投资者的总资产额没有变化。

一般而言，单位净值和累计净值是越高越好，因为它在一定程度上反映了基金的盈利能力，但也不是绝对的，还需要考虑基金的成立时间和市场环境。例如，刚经历牛市的基金其单位净值可能高达四五元，但是有些刚成立的基金可能只有 1.1 ~ 1.2 元，略高于刚发行时的基金净值，甚至还可能是亏损的。还有些基金的单位净值一直都是 1 元多，但中间却发生了若干次的分红和拆分，这说明该只基金的表现其实还是不错的，只是它通过以若干次分红的形式把盈利的部分返还给了投资者。

另外，投资者如果发现一只基金的单位净值在短期内发生暴跌、降幅较大的情形，也应该充分考虑它是否正好在该时期内发生了分红和拆分。例如，申万菱信量化小盘股票（163110）的净值在 2017 年 9 月发生"断崖式"下跌，而它正好在 9 月 15 日发生了一次分红，如图 4-4 所示。因此此次基金净值暴跌并非投资不善，而是因为基金分红。

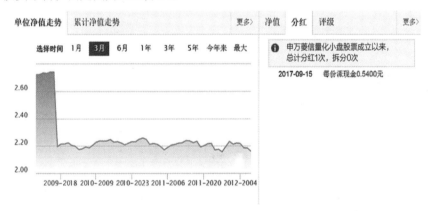

图 4-4　申万菱信量化小盘股票（163110）单位净值走势图

——数据来自天天基金网

在弄清楚累计净值的含义后，投资者还需要了解该只基金的累计收益和累计收益率的计算方法。下面以申万菱信量化小盘股票（163110）为例进行说明。

【案例分析】申万菱信量化小盘股票（163110）的累计收益和累计收益率

因为基金的净值在发行时都为 1 元，所以可进行如下计算。

每份累计收益 = 该只基金的累计净值 −1

累计收益率 =（累计净值 −1）

若申万菱信量化小盘股票（163110）2017 年 12 月 8 日的累计净值为 2.7003，

则它的每份基金累计收益是 1.7003（2.7003−1）元，累计收益率＝（2.7003−1）÷ 1×100%=170.03%。

3.估算净值

一个基金的单位净值在每个交易日晚上的八点半左右公布，但是有部分投资者的心态较为急切，因此，为了迎合这部分投资者的心理需求，一些网站会根据最近基金的持仓信息以及一些修正的计算方法，结合当时股市情况而估算出一个基金的单位净值。这个净值就叫作估算净值。估算的基金净值只能当作参考，特别是对主动型基金而言，几乎不可能是准确的，被动型指数基金的净值估算相对来说准确一些，因为被动型指数基金的成分股是公开的，其参考性较强。

【知识链接】基金净值估算的原则

基金净值估算的具体原则如下：

①未上市的股票以成本价计算；

②未上市的国债及未到期的定期存款，以本金加计至估值日的应计利息额计算；

③上市股票、债券型基金按当日收市价计算，该日无交易的，按最近交易日的收市价计算；

④如遇特殊情况，基金管理人有权按相关规定办理。

4.2.2 规模

基金的规模指的是基金所管理的总资产规模，也就是投资者投资了多少钱来买这只基金。投资者在进行投资时，对基金规模的选择还是有一定讲究的。首先，基金的规模不能太小。《证券投资基金法》规定，如果一只基金的规模低于5 000万元，那该只基金既可以被保留，也可以被清算和解散。从规模的角度上来选择基金时，一般建议选择10亿元以上规模的基金。同时，基金的规模也不能过于庞大，基金的规模越大管理的难度越大，对基金收益多少也会有一定的影响，一般建议选择在70亿元到80亿元之间的基金。不过，也有例外，如指数型基金就属于被动型基金，它对于基金经理和基金团队的依赖性很小，因此该类基金的规模就越大越好。

截至 2018 年 2 季度末，我国基金市场上的各类基金的规模排名如图 4-5
所示。

基金类型	规模 (亿元)	规模较年 初增幅	规模最新 占比	基金 (只数)	数量同比 增减
货币型	84,517	19%	66%	393	-2
其中：传统货币	77,550	15%	61%	338	-3
其中：短期理财	6,967	91%	5%	55	1
混合型	17,536	-16%	14%	2321	133
债券型	17,105	9%	13%	1277	89
股票型	7,340	0%	6%	815	56
QDII	841	0%	1%	139	6
另类投资	365	43%	0.3%	29	0
全部合计	127,704	10%	100%	4974	282

图 4-5　2018 年 2 季度末基金市场上的各类基金的规模排名（数据来自 Wind 数据库）

截至 2018 年上半年，基金市场中依据基金公司所管理的基金资产规模，排
名前十的基金公司如图 4-6 所示。

	2018上半年基金公司规模排名(剔除货币和理财基金)		
排名	基金公司	最新规模 (亿元)	规模变化 (较年初)	排名变化
1	易方达	2,469	-240	持平
2	华夏	2,062	-305	↑1
3	博时	2,036	-228	↑1
4	嘉实	1,961	-426	↓2
5	中银	1,943	56	↑1
6	南方	1,668	-305	↓1
7	汇添富	1,556	104	↑1
8	招商	1,515	-232	↓1
9	广发	1,450	159	↑1
10	富国	1,418	113	↓1

图 4-6　2018 年上半年基金公司的规模排名（数据来自 Wind 数据库）

4.3　场内基金和场外基金

按照交易场所划分，公募基金可以分为场内基金和场外基金。基金的供求
双方只能集中在交易所进行竞价交易的交易方式叫作场内交易，又叫作交易所
交易；供求双方可以在券商的营业柜台以议价的方式进行的交易称为场外交易，
又称柜台买卖或店头市场。

4.3.1 两者的区别

具体来说，场内基金和场外基金的区别如下。

1. 交易渠道不同

场内基金通过股票市场进行交易；场外基金通过银行、证券公司及基金公司等代销渠道进行交易。以天天基金网为例，申万菱信量化小盘股票（163110）是一只场外基金，其在天天基金网的申购界面如图 4-7 所示。

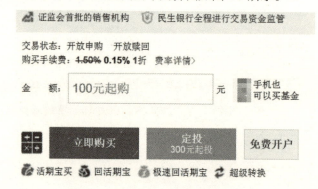

图 4-7　天天基金网上的申万菱信量化小盘股票（163110）的申购界面

对于场内基金如华夏上证 50ETF（510050），则不能在天天基金网上进行申购，其申购界面如图 4-8 所示。

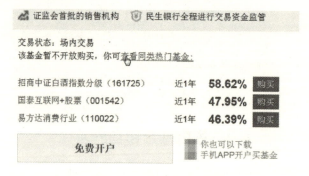

图 4-8　天天基金网上的华夏上证 50ETF（510050）的申购界面

2. 命名规则不同

场内基金的代码多以 159 或 510 开头，场外基金则大多是根据基金成立时间进行排序得出序号，没有特殊含义和规则。

3. 到账时间不同

场内基金购买后，T+1 日可卖出，资金 T+1 日到账，时间规则和股票交易相同；场外基金申购后 T+1 日确认份额，T+2 或者 T+3 日可赎回，但是对于其中的 QDII 基金，即在一国境内设立，经该国有关部门批准从事境外证券市场的股票、债券等有价证券业务的证券投资基金，它需要 T+7 个工作日。

4. 交易费用不同

选择购买场外基金，费率一般都比较低。与场外基金不同的是，场内基金的交易费用取决于各个投资者开户的券商的佣金。如果资金量比较大，选择场内基金的费用就比较低。如果投资资金不多，那么场外基金则是个不错的选择。

5. 投资方式不同

场外基金的投资门槛很低，10 元就可以投资，可以手动购买也可以设定自动扣款定投；场内基金的买卖类似于股票，至少需要买 1 手，也就是 100 份的基金，因此资金的门槛会相对高一些，同时场内基金只支持手动购买的模式。

6. 分红的方式不同

场内基金一般只能采取现金分红的方式，而场外资金可以是现金分红，也可以是红利再投资。

7. 可选种类不同

场外基金投资更多的是主动管理型的基金，选择的余地也非常大。场内基金的品种较少，比如特定的 ETF、LOF 等基金品种（ETF 即交易指数开放基金，是跟踪某一指数的可以在交易所上市的开放式基金。LOF 基金是上市型开放基金，是中国首创的一种基金类型，也是 ETF 基金的中国化）。

8. 交易的时间点不同

场内基金是以下单那一刻的价格为准进行交易，而场外基金是以成功下单那天的收盘价进行交易。

场内基金和场外基金的区别如图 4-9 所示。

场外基金和场内基金的区别

名称	场内基金	场外基金
交易场所	上市股票交易所内	各基金公司官网、银行、第三方销售平台
命名规则	代码为159或510开头	代码为基金成立时间排序的序号
到账时间	赎回T+1日到账	赎回T+2日或T+3日到账，有些QDII基金T+7日
追踪准确度	更准确	相对准确
交易费用	低，和股票交易费用一样（5元起）	相对较高，各平台交易费用折扣不同
交易方式	和股票一样，手动购买，100整数倍	可以手动购买，也可自动扣款定投（份额随意）
分红方式	现金分红	现金分红、红利再投资
可选种类	场内基金种类少	场外种类多
交易时间点	以下单那一刻的价格为准	以成功下单那天的收盘价为准

图4-9　场内基金和场外基金的区别

4.3.2　申购门槛

申购门槛指的是投资者每次购买该只基金或者每次定投的金额最低不能低于多少钱，即最低资金要求的限额。这个最低限额是由基金公司来制订的，目前国内最主流的债券型、股票型和混合型基金的单笔最低申购门槛都是100元到1 000元不等，超过1 000元和低于100元的一般较少。如申万菱信量化小盘股票（163110）的单笔申购门槛就是100元，而定投的最低门槛是300元。投资者进行定投时，如果设置的是系统自动扣款，则资金量的多少应该满足定投的最低门槛要求，保证绑定账户至少有300元的资金。

另外，对于刚成立的股票型或者混合型基金，大部分都有一定时期的封闭期，封闭期的长短一般为3个月到几年不等。设立封闭期的目的一方面是基金后台为了日后的申购赎回做好充分准备，另一方面基金公司可以利用这段时间把募集来的资金初步进行买卖股票、债券、建仓等操作。在封闭期内，投资者是无法申购赎回基金的，这对于资金流动性而言大为不利。就刚接触基金的投资者而言，建议不要申购刚成立的新基金，可尽量选择那些业绩比较优秀、口碑又比较好的老基金。

4.4 基金的股票仓位

4.4.1 基金持仓的概念

基金持仓即基金资产在各种投资中的仓位分配。如果把投资者购买的基金比作一个菜篮子的话，里面涵盖的各只股票、债券等就好比是辣椒、黄瓜、芹菜等不同的蔬菜。基金持仓明细表则是直接告诉投资者基金投资了哪些标的。

下面以汇丰晋信大盘股票 A（540006）为例进行详细说明。

【案例分析】汇丰晋信大盘股票 A（540006）持仓明细

投资者可以通过网上查询（以天天基金网为例），在基金详情的首页查看该只基金的"股票持仓"前 10 名，以及前 10 只股票所占该只基金投资总额的合计比例，如图 4-10 所示。

股票持仓	债券持仓		更多
股票名称	**持仓占比**	**涨跌幅**	**相关资讯**
华润双鹤	7.48%	1.16%	股吧 档案
中国石化	6.25%	-0.66%	股吧 档案
工商银行	6.19%	-0.34%	股吧 档案
大秦铁路	5.89%	0.00%	股吧 档案
华夏银行	5.67%	-1.17%	股吧 档案
海信电器	5.10%	0.85%	股吧 档案
中信证券	3.98%	-0.54%	股吧 档案
北新建材	3.33%	1.82%	股吧 档案
潍柴动力	3.27%	1.05%	股吧 档案
兴业银行	3.27%	-0.69%	股吧 档案
前十持仓占比合计：	50.43%		

持仓截止日期: 2017-09-30　　　更多持仓信息>

图 4-10　汇丰晋信大盘股票 A（540006）股票持仓（占比前 10 只）（数据来自天天基金网）

值得注意的是，基金的持仓明细情况是相对保密的，基金经理和基金团队并不会实时更新持股的具体情况。根据证监会和《证券投资基金法》的相关规定，公募基金公司每个季度都要出一份公告，向投资者详细阐述该基金的运营情况，这其中就包括基金的持股明细。

4.4.2 基金持仓表的作用

基金持仓表中的数据很多。刚刚接触基金的投资者看见这些数据难免会有眼花缭乱的感觉，那么应该怎样从这些数据中提取到有用的信息并为投资者自己所用呢?

下面还是以汇丰晋信大盘股票 A（540006）为例进行说明。

【案例分析】汇丰晋信大盘股票 A（540006）持仓信息的分析

首先，由图 4-10 已经知道该只基金投资的前十大股票的名称和合计占比，可以看到该只基金的投资比较集中，前十只股票的合计占比就已经高达50.43%。这一方面说明该基金经理对这十只股票比较看好，另一方面也可以看出该基金管理团队相对激进，因为他们把大部分资金集中在少量股票上，此种投资方法的风险也较高。

其次，单击图 4-10 右下角的"更多持仓信息"，并滑动下拉菜单可以看到该只基金的持仓详细情况，该只基金一共投资了 91 只股票，但是其中占比超过1% 的只有 23 只，第 24 只占比只有 0.94%，如图 4-11 所示。这种持仓数量较多但是只重仓其中一小部分的投资风格也是现在主流的基金投资风格。尤其是对主动型基金而言，基金经理和团队的精力和时间都有限，无法对每一只股票做到足够深的了解，所以选择其中的一部分进行详细分析后选择重仓的形式买入，而对其他大部分股票则采用的轻仓的形式持有。

21	002029	七匹狼	股吧 行情 档案	1.38%
22	601788	光大证券	股吧 行情 档案	1.26%
23	601818	光大银行	股吧 行情 档案	1.08%
24	601398	工商银行	股吧 行情 档案	0.94%
25	600036	招商银行	股吧 行情 档案	0.93%

图 4-11　汇丰晋信大盘股票 A（540006）持仓明细（1% 处）

最后，通过对持仓表中各只股票所占百分比的分析可以知道，该只基金的全部资产并不是全部投资在了股票中，具体情况可查看该基金的资产配置图，如图 4-12 所示。

图 4-12 汇丰晋信大盘股票 A（540006）的资产配置图

该只基金的股票投资净占比 92.08%，债券净占比 5.74%，此外还有 3.33% 的资产是以现金的形式存放在银行以满足投资者随时赎回基金的请求。

看到这里，有投资者可能会疑惑，既然可以查看到某只基金的持股明细和资产配置表，那么按照上面的股票品种直接购买股票不就行了吗？为什么还要买基金？问题的答案如下。

第一，基金持股明细表的公布是以季度为时间间隔的，投资者接收的信息往往是几个月前该只基金的持股明细，时效性不强。

第二，你可能没有足够的资金。基金单笔买入的申购起点一般是 100 元起（有的甚至 1 元起），而股票每次购买的数量至少是一手，即必须是 100 的整数倍。

第三，基金可以网罗很多只股票，投资者买了一只基金就等于买了多只股票，相对于购买单只股票而言，风险更小。

第四，大部分业余投资者的投资能力都比不过基金经理，在市场中容易踏错节奏。

因此，对于能力和精力都有限的投资者而言，选择一个靠谱又适合自己的基金进行定投才是明智的选择。

4.5 四分位排名图

4.5.1 四分位排名图中的基本信息

基金的四分位排名图描述了这只基金近一周、一月直至近三年的涨势，与同类平均及沪深 300 相比的涨幅，在同类基金中的排名等。根据所处的分位不同，可以分为优秀、良好、一般、不佳，而每个分位里面大概有同类型中 **25%** 的基金。如汇丰晋信大盘股票 A（540006）近三年的四分位排名如图 4-13 所示。

	近1周	近1月	近3月	近6月	今年以来	近1年	近2年	近3年
阶段涨幅	-1.19%	0.13%	2.66%	11.71%	25.92%	22.57%	40.44%	105.25%
同类平均	-0.55%	-3.09%	0.52%	9.31%	11.72%	7.08%	1.97%	30.53%
沪深300	0.13%	-1.10%	4.64%	12.42%	20.95%	15.37%	10.50%	23.07%
同类排名	610|849	93|835	323|815	315|759	112|686	95|671	28|570	4|309
四分位排名								
	一般	优秀	良好	良好	优秀	优秀	优秀	优秀

图 4-13　汇丰晋信大盘股票 A（540006）的四分位排名（数据来自天天基金网）

由图中的第一行和第二行信息可知，汇丰晋信大盘股票 A（540006）近三年涨幅为 105.25%，而同类基金近三年平均涨幅只有 30.53%；近两年它的阶段涨幅是 40.44%，同业平均是 1.97%；近一年它的涨幅是 22.57%，同业平均涨幅 7.08%。由此可以看出，该只基金的表现在同类基金中处于较为优秀的行列。而一年期以下的基金涨跌幅的参考性并不强，因为只有经历过牛熊两市以及股市震荡期表现好的基金才是真正表现好的基金。同时，注意比较的基准是同类基金，即对于汇丰晋信大盘股票 A（540006）而言，它的比较基准就是其他的股票型基金，而不能是债券型基金或混合型基金。

图 4-13 中的第三行显示的是沪深 300 最近几年的涨幅，沪深 300 指数是国内最为知名的股票指数之一，具有风向标和指导作用。跟沪深 300 比较的意义在于：对比大盘指数，该只基金表现如何，是否跑赢了指数。由图中信息可知，该只基金和沪深 300 近 3 年、近 2 年、近 1 年的收益分别为 105.25%、23.07%；40.44%、10.5%；22.57%、15.37%。从这里可以看出，该只基金是远远地跑在指数前面，大大好于市场的平均值，其收益也高于市场平均收益。

在比较完同类基金和市场平均水平后，一只基金究竟在市场中的排名如何呢？投资者可以从"同类排名"这一指标中得到答案。例如，汇丰晋信大盘股票 A（540006）近一年来的收益在同类排名中的水平是 95/671，即在 671 只股票型基金中它的收益水平排在第 95 位。同时，可以观察到的是在四分位排名图中的最后一行中，有着深浅不同的蓝色矩形方块，它们分别表示"优秀""良好""一般"和"不佳"。根据各分位的不同，用不同数量和深浅的矩形方块表示，如果其排名是行业中的前 25%，则表示优秀，点亮 4 个矩形方块；如果是行业中的前 25% 到 50%，则表示良好，只点亮 3 个矩形方块；如果是行业中的 50% 到后 25%，则表示一般，只点亮 2 个矩形方块；如果是行业中的后 25%，则表示不佳，只点亮 1 个矩形方块。由此，投资者可以根据基金的分位来判断一只基金的优劣，如果一只基金从近 5 年到近 1 年在不同的业绩比较时期都处于优秀行列，则可以初步判断该基金是一只比较优秀的基金。

4.5.2　使用四分位排名图的误区

基金是适合长期投资的产品，基金定投也是长期的理财计划。所以在选择基金时，不能太关注它的短期波动、走势和收益，而要看它的长期收益情况，至少要看近三年甚至五年以上的。打开四分位排名图中的"更多"选项可以查看近五年甚至是该只基金成立以来的收益情况，如图 4-14 所示。看看它这几年的收益是否客观稳定，排名是否靠前等。对于一个月、一个星期这种短期内的数据基本不用太在意。

近3年	近5年	成立以来
105.25%	253.22%	244.05%
30.53%	103.75%	–
23.07%	78.18%	–
2↓	–	–
优秀	优秀	–

图 4-14　汇丰晋信大盘股票 A（540006）近五年和成立以来的四分位排名图（数据来自天天基金网）

所以投资者在看四分位排名图的时候，一定要从右往左看，即从"时间长"看到"时间短"。在选择基金时，也尽量选择那些成立时间长、历史业绩好的"老基金"。对于某些业绩较好但成立时间不长的基金，投资者尽量不要选择，如图 4-15 所示，该只基金缺少最近两到三年的数据，说明该基金成立时间较短。虽然该只基金的涨幅较大，同类排名也靠前，但还是建议投资者特别是刚接触基金定投的"小白"，不要选择此类基金。

	今年以来	近1周	近1月	近3月	近6月	近1年	近2年	近3年	近5年	成立以来
涨幅	47.27%	0.30%	-1.79%	9.83%	19.24%	41.38%	–	–	–	69.80%
同类平均	11.72%	-0.55%	-3.09%	0.52%	9.31%	7.08%	1.97%	30.53%	103.75%	–
沪深300	20.95%	0.13%	-1.10%	4.64%	12.42%	15.37%	10.50%	23.07%	78.18%	–
同类排名	5|686	183|849	255|835	37|815	52|759	7|671	–|570	–|309	–|198	
排名变动	1↑	566↑	186↑	42↑	22↑	5↑				
四分位排名	优秀	优秀	良好	优秀	优秀	优秀	–	–	–	

图 4-15　成立时间不长的某基金的四分位图

当然，这些都是选择主动型基金投资所要注意的问题。对于被动型基金，如指数型基金则不需要考虑这些因素，因为被动型基金的收益与市场的行情关系密切，对基金经理和团队的要求没有主动型基金高。

4.6　基金投资风格箱

投资者在选择基金时，会面对不同投资风格的基金，而这些不同投资风格的基金往往会带来不同的风险和收益，"高风险高收益，低风险低收益"这在金融市场中是一个亘古不变的价值投资规律。因此对投资人而言，了解和考察基金的投资风格非常重要。

4.6.1　投资风格的判断

投资风格箱是为投资者提供投资风格参考的一种工具，其方法是把影响基金业绩表现的两项因素单列出来：基金所投资股票的规模和风格。按照基金持有的股票市值不同，把基金投资股票的规模风格定义为大盘、中盘和小盘；以基金持有的股票价值－成长特性为基础，把基金投资股票的价值－成长风格定义为价值型、平衡型和成长型。注意，此处的基金特指股票型基金。

▦【知识链接】基金风格的判断

（1）大中小盘的判断

大盘风格：基金持仓中的大盘权重股（流通市值大约120亿元以上）居多。

中盘风格：基金持仓中的中盘股（流通市值介于 45 亿元至 120 亿元之间）居多。

小盘风格：基金持仓中的小盘题材股（流通市值大约 45 亿元以下）居多。

（2）价值型、平衡型和成长型股票的判断

价值型：基金持仓中的股票多为价值型股票（价值型股票是指股价低于内在价值的公司），一般是一些业绩较好、利润稳定的公司的股票。

成长型：基金持仓中的股票多为成长型股票。成长型基金主要看中的是该公司未来主营业务和利润有无快速增长的可能。

平衡型：介于价值型和成长型之间的一种股票风格，较为中立。

具体的价值型和成长型的得分因子、权重及判定标准如下表所示。

价值得分因子及其权重		成长得分因子及其权重	
⇨ 预期每股收益价格比	50.00%	⇨ 预期每股收益增长率	50.00%
⇨ 预期每股净资产价格比	12.50%	⇨ 每股收益历史增长率	12.50%
⇨ 预期每股收入价格比	12.50%	⇨ 每股收入历史增长率	12.50%
⇨ 预期每股现金流价格比	12.50%	⇨ 每股现金流历史增长率	12.50%
⇨ 预期每股红利价格比	12.50%	⇨ 每股净资产历史增长率	12.50%

总体来说，大盘股的成长性不如小盘股，但风格较为平稳，投资收益也比较稳定，风险比较低；小盘股的成长性好，潜在收益比较高，却常常伴随着高风险，波动比较高，可能暴涨也可能暴跌，高风险对应着高收益；而中盘股的表现介于两者之间。

除了根据投资规模的不同把上市公司分为大盘、中盘和小盘之外，还可以根据上市公司所处阶段的不同，分为价值型、平衡型和成长型。简单来说，就是价值型的公司收益较为稳健，风险也比较低，成长型的公司收益比较大，但是潜在的风险可能更大。

如果把上述类型画成一张图，体现在一张图表上，就可以形成一个九宫格的投资风格箱，如图 4-16 所示，横坐标分别表示成长、平衡、价值，在通常情况下，一只基金的投资比例越靠近价值型则风险越低，反之则风险越高；纵坐标分别表示小盘、中盘和大盘，在通常情况下，一只基金的投资比例越靠近大盘型则风险越低，反之则风险越高。如果一只基金的投资标的是以大盘价值型投资标的为主，则该基金的风格类型在投资风格箱中越靠近左上角，该基金的风险越低，投资越稳健；如果一只基金的投资标的是以小盘成长型的投资标的为主，则该基金在投资风格箱中越靠近右下角，该基金的风险越高，投资越激进。

同时，对于基金的投资比例，投资风格箱中也用不同的填充色（颜色可参照计算机屏幕，下同）进行了表示。如果该基金在某一类投资标的中的占比超过50%，则用黑色表示；25%～50%用深灰色表示；10%～25%用浅灰色表示；0~10%用白色表示。颜色越深，表示投资的比例越大。

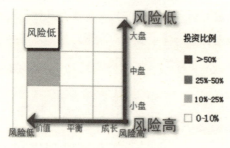

图 4-16 投资风格箱

4.6.2 典型案例的分析

下面以几个具体案例来说明如何利用投资风格箱判断一只基金的投资风格。

【案例分析】利用投资风格箱判断基金投资风格

[案例一]

该基金的投资风格箱如图 4-17 所示，由该投资风格箱可以知道，该基金主要投资于平衡型的投资标的，其中大盘平衡型占据 25%～50%，小盘平衡型占据 10%～25%，而在中盘型上则选择了中盘价值型，比例为 25%～50%。该基金每一部分的投资比例都没有超过 50%，可见该基金的投资风格还是比较稳健的，投资的标的也比较均衡，风险不高也不低。

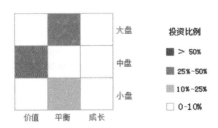

图 4-17　某基金的投资风格箱

[案例二]

该基金的投资风格箱如图 4-18 所示，由该投资风格箱可以知道，该基金的绝大部分资金都投资了大盘价值型投资标的，其中大盘价值型占据 50% 以上，其他类型的占比都不足 10%。由此可见，该基金的投资风格十分稳健。与该基金投资风格相似的基金的典型代表是一些指数型基金，如上证 50 指数基金等。这种基金的抗跌性强，适合保守一点的投资者将其作为长期定投的目标。

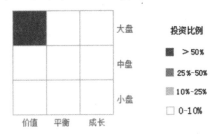

图 4-18　某基金的投资风格箱

[案例三]

该基金的投资风格箱如图 4-19 所示，该基金把主要的资金放在了大盘平衡型和大盘成长型的投资标的上，对于中盘和小盘，选择的是中盘平衡型和小盘价值型，在中小盘的选择上避开了成长型的投资标的，规避了一定的风险，所以该只基金有一定的风险，但是整体来说风险不大。

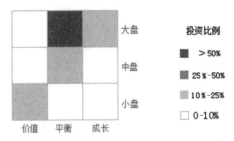

图 4-19　某基金的投资风格箱

[案例四]

该基金的投资风格箱如图 4-20 所示。这是一只非常典型的平衡型基金。该基金投资的主要是中盘型的股票，而且为了规避风险，没有选择中盘成长型而是选择了中盘价值型和中盘平衡型，其所占比例远高于其他类型。

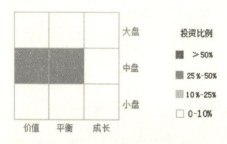

图 4-20　某基金的投资风格箱

值得注意的是，虽然基金风格箱代表了基金的投资风格，但是该风格箱并不是一成不变的，基金经理和基金团队会根据市场的动态和走势，对其进行实时调整和改变。例如，在 2016 年之前小盘股的走势较为强势，因此基金经理的投资标的主要以小盘股为主；而这几年大盘股的走势反超小盘股，则投资标的又从小盘股转移到了大盘股，基金风格箱也从小盘成长型投资转变为大盘价值型投资。

4.7　解读基金招募说明书

基金招募说明书就好比是该基金产品的产品说明书，其对基金的申购和赎回费用，以及投资风格、业绩比较基准都有详细说明。投资者在投资之前，一定要认真浏览基金招募说明书，看清楚基金的具体内容，然后结合自身的风险承受能力进行综合判断。

4.7.1　定义、内容和格式

基金招募说明书是投资人了解基金最基本也最重要的文件之一，是投资前的必读文件。它是基金发起人按照国家有关法律、法规制订的并向社会公众公开发售基金时，为基金投资者提供的、对基金情况进行说明的一种法律性文件。

按照我国证监会和《证券投资基金法》的相关规定，基金发起人向投资者提供发起设立的基金招募说明书一般应载明如下内容：①基金的名称、类型、规模及管理机关批准的文号；②基金承销商名称及募集方式、募集时间、地点、价格、手续费；③最低和最高认购额度；④基金发起人、基金管理人、基金托管人的名称、法定地址；⑤基金的投资范围、投资政策及投资限制；⑥封闭式基金须说明基金存续时间及其期满后的清盘处理方法，开放式基金须说明基金的申购赎回程序、方法、时间、地点及价格的计算方法与给付方法；⑦基金管理人的管理费、业绩报酬和托管人的托管费等收费标准；⑧若基金招募失败，已募款项的处理方法。

▦ 【知识链接】证监会和《证券投资基金法》中关于基金招募说明书的内容和格式的法律规定

基金招募说明书的内容和格式

（1）重要提示

招募说明书封面应在显著位置载明下列文字作为重要提示："发起人保证招募说明书的内容真实、准确、完整。本招募说明书经中国证监会审核同意，但中国证监会对本基金做出的任何决定，不表明其对本基金的价值和收益做出实质性判断或保证，也不表明投资于本基金没有风险。基金管理人承诺以诚实信用、勤勉尽责的原则管理和运用基金资产，但不保证基金一定盈利，也不保证最低收益"。

（2）绪言

绪言中须载明招募说明书编写所依据的法规和基金契约。下列文字必须载入绪言："全体发起人已批准该招募说明书，确信其中不存在任何虚假内容、误导性陈述或重大遗漏，并对其真实性、准确性、完整性承担个别及连带责任。本基金单位是根据本招募说明书所载明的资料申请发行的。本基金发起人没有委托或授权任何其他人提供未在本招募说明书中载明的信息。"

（3）释义

释义是对招募说明书中具有特定含义的词汇做出明确的定义、解释和说明。

（4）基金设立

应说明以下内容。

①基金设立的依据。说明基金由发起人依照《证券投资基金管理暂行办法》、基金契约及其他有关规定发起设立，并说明中国证监会批准设立的日期及批准文号。

②基金存续期间及基金类型。

③基金发起人认购及持有情况。说明基金发起人认购基金单位的份额、比例及其在基金存续期间须持有的份额、比例；说明基金发起人认购的基金单位，自基金成立之日起至少一年内不得赎回或者转让。

④基金契约。基金契约是约定基金当事人权利、义务的法律文件。基金投资者自取得依基金契约所发行的基金单位即成为基金持有人，其持有基金单位的行为本身即表明其对基金契约的承认和接受，并按照《证券投资基金管理暂行办法》、基金契约及其他有关规定享有权利、承担义务；基金投资者欲了解基金持有人的权利和义务，应详细查阅基金契约。

（5）本次发行有关当事人

列出下列有关发行当事人的机构名称、住所、法定代表人、电话、传真及下述当事人中负责本次发行有关事宜的联系人。

①基金发起人。

②销售机构。

③律师事务所和经办律师。

④会计师事务所和经办注册会计师。

⑤其他与本次发行有关的机构。

（6）发行安排

说明与本次发行有关的下列事项：发行方式、发行时间、发行对象、基金单位发行总份额、发起人认购份额及向社会公开发行的份额、基金单位每份发行价格、面值、发行费用、基金单位的认购和持有限额。

（7）基金成立

说明基金成立的条件及基金未能成立时已募集资金的处理方式；说明基金成立前，投资者的认购款项只能存入商业银行，不得动用。

4.7.2 值得注意的问题

基金的招募说明书一般长达几十页，导致非专业投资者不知如何择取其中最重要的信息。另外，开放式基金在正式运作后，每隔六个月还会更新一次，内容一般有基金管理人、托管人的情况，基金的投资方式与费用，基金的投资目标、收益与风险以及基金合同和基金托管协议的内容摘要等二十多项，其信息的更新量之大也让许多投资者难以适应。然而，其实在很多网站和手机 APP 中已经对招募说明书中的详细信息进行了提取，下面以天天基金网为例进行说明。

1. 业绩比较基准

投资者可以单击天天基金网某只基金首页的"基本概况"选项，进入该只基金的"基本概况"页面。比如，汇丰晋信大盘股票 A 的基本概况，如图 4-21 所示，从中可以看到该只基金的认购、申购、赎回等费用，以及资产规模、基金经理和业绩比较基准等情况。值得注意的是业绩比较基准这一指标，它揭示的是该只基金是以什么为标准进行盈利能力的比较。如汇丰晋信大盘股票 A 是以沪深 300 指数 ×90%+ 同业存款利率 ×10% 为基准，例如，在某一年中，沪深 300 的指数涨幅是 40%，银行存款利息是 1.75%，则该基金的业绩比较基准 = 沪深 300 指数 ×90%+ 同业存款利率 ×10%=40%×90%+1.75%×10%=36.175%，即如果该只基金在同期的收益达到或者超过 36.175%，则表示该只基金表现达标，否则不达标。

基金全称	汇丰晋信大盘股票型证券投资基金	基金简称	汇丰晋信大盘股票A
基金代码	540006（前端）	基金类型	股票型
发行日期	2009年5月18日	成立日期/规模	2009年6月24日 / 28.856亿份
资产规模	74.57亿元（截至：2017年9月30日）	份额规模	23.4188亿份（截至：2017年9月30日）
基金管理人	汇丰晋信基金	基金托管人	交通银行
基金经理人	丘栋荣	成立来分红	每份累计0.06元（2次）
管理费率	1.50%（每年）	托管费率	0.25%（每年）
销售服务费率	---（每年）	最高认购费率	1.20%（前端）
最高申购费率	1.50%（前端） 天天基金优惠费率：0.15%（前端）	最高赎回费率	0.50%（前端）
业绩比较基准	沪深300指数×90%+同业存款利率×10%	跟踪标的	该基金无跟踪标的

基金管理费和托管费直接从基金产品中扣除，具体计算方法及费率结构请参见基金《招募说明书》

图 4-21　汇丰晋信大盘股票 A 的基本概况

同时，不同的业绩比较基准也预示着该基金的预期收益不同。业绩比较基准定得比较高的基金其预期收益比较高，但是也伴随着较高的风险，投资者在获取高收益的同时也承担着高风险的代价；业绩比较基准定得比较低的基金其预期收益比较低，但是其风险也比较小，投资者在获取收益的同时不必付出较高的风险代价。图 4-22 所示，该只基金的业绩比较基准是沪深 300 指数 ×70%+

上证国债指数收益率 ×30%，上证国债指数收益率一般为 5%，假设这时沪深 300 的同期涨幅还是 40%，则该基金的业绩比较基准 = 沪深 300 指数 ×70% + 上证国债指数收益率 ×30% =40%×70%+ 5%×30% = 29.5%，该业绩比较基准明显低于汇丰晋信大盘股票 A 的业绩比较基准。

管理费率	1.50%（每年）	托管费率	0.25%（每年）
销售服务费率	---（每年）	最高认购费率	1.20%（前端）
最高申购费率	~~1.50%（前端）~~ 天天基金优惠费率：0.15%（前端）	最高赎回费率	0.50%（前端）
业绩比较基准	沪深300指数收益率×70%+上证国债指数收益率×30%	跟踪标的	该基金无跟踪标的

图 4-22　某基金的业绩比较基准

投资者可以根据自身对风险承受能力和投资目标的不同，选择适合自己的基金。

2. 投资目标

通过前面的内容，可以知道基金的名称对基金的投资标的不构成任何约束，但是在基金的招募说明书中，"投资目标"一栏则明确指出该只基金的投资范围和目标，构成了约束力。如某基金的投资目标明确指出："通过投资于盈利预期稳定增长，在各行业中具有领先地位的大盘蓝筹型股票，在合理控制风险的基础上，追求稳健的分红收益及长期资本利得，实现基金资产长期超越业绩比较基准的收益。"

针对不同基金的"投资目标"，投资者可以进一步详细查找其投资理念、投资范围和投资策略，进一步了解。例如，在投资范围和投资策略中，投资者能够了解基金的资产配置比例，判断该基金是偏爱投资债券还是专注投资股票，同时投资者也能分析出在不同的市场环境里，该基金把资金投放到了哪些产品上，从而了解基金经理的投资理念，在充分了解这些信息之后，投资者再做出是否投资该只基金的选择。

【知识链接】常用的基金投资策略

投资策略是基金实现投资目标的具体计划，它是影响基金业绩的最重要因素之一，也是投资者最容易判断的因素，所以需要高度重视。基金常用的投资策略有以下几种。

（1）投资三分法

投资三分法是一种比较常见的投资方法，是指证券投资基金将基金自有资产分为三部分，第一部分以现金的形式保持，作为备用金；第二部分用于投资收益稳定、风险较小的有价证券，如债券、优先股等；第三部分用于投资风险较大、收益较高的股票。

（2）固定比例投资法

这种方法比较适合在成熟的市场进行长期投资，把投资分为股票投资和债券投资两部分，并在投资操作中努力保持股票投资总额和债券投资总额的相应比例不变。

（3）固定金额投资法

这种方法比较适用于短期虽有波动但长期相对稳定的。这种方法和固定比例投资法类似。

（4）杠铃投资法

杠铃投资法是债券基金的主要投资策略之一，在债券投资中最为常用。在这种方法下，投资资金被集中在短期证券和长期证券两种工具上，并随市场利率的变动而不断调整资金在两者之间的比例分配。这种方法可以比较好地回避利率风险。

3.分红政策

基金的分红政策会影响基金的净值，不管是采取现金分红还是拆分的方式，基金的净值都会有所下降，但是对投资者的总资产却不会产生任何影响。对投资者而言，选择"红利再投资"的分红方式比较有利，可以利用复利的效应让资产的增值变得更快。

4.基金经理和过往业绩

基金经理人是投资者在阅读基金招募书时必须考察的一项。考察的内容包括基金管理人的专业背景、从业经验，以及在该基金的任职期间该基金的业绩表现等。如果该基金经理人曾在其他基金任职，从其他基金过往的业绩中也可了解其投资风格及投资成败。

5.费用

投资者投资基金的费用一般可以分为两类：一为显性的费用，即投资者交

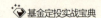

易时自行额外负担的成本，主要有申购费、认购费、赎回费；二为隐含的费用，包括管理费和托管费及其他费用。与这些费用相关的信息会在招募说明书中详细呈现，以便投资者比较各基金的费率水平。投资者可以在比较完成之后，选择适合自己的基金进行购买。

第5章

手把手教你搞懂基金

　　投资者在面对市场中不计其数的基金时，往往不知道如何选择。本章从基金的分类、各类基金的特点以及哪类基金适合定投、适合什么样的人定投和市场上的主流基金等方面进行详细介绍，手把手教投资者选择适合自己的指数型基金。

5.1 常见的基金分类方法

市场上关于基金的分类方式有很多种,主流的分类方式大概有八种,如图5-1所示。它们分别按照募集方式、运作方式、投资理念、法律形式、交易方式、资金来源、风格、投资对象的不同进行划分,另外还有一些特殊类型的基金,例如ETF、LOF等。

分类	类型					
募集方式	公募基金			私募基金		
运作方式	封闭式基金			开放式基金		
投资理念	主动型基金			被动型基金		
法律形式	契约型基金			公司型基金		
交易方式	场内基金			场外基金		
资金来源	在岸基金			离岸基金		
风格	价值型基金		成长型基金		平衡型基金	
投资对象	股票型基金		债券型		货币型	混合型
特殊类型	基中基（FOF）	保本基金	交易型开放指数基金	上市开放式基金(LOF)	QDII基金	分级基金	系列基金

图5-1 基金的分类方式

下面就一些最主要的基金分类方式进行详细说明。

5.1.1 根据募集方式分类

根据募集方式的不同,基金可以分为公募型基金和私募型基金。

这两者最大的差别在于公募型基金的募集对象是社会公众,即不特定投资者。公募型基金是受我国政府主管部门监管的,通过公开方式进行募集,向不特定投资者公开发行收益凭证的证券投资基金。私募基金的募集对象则是少数特定的投资者,包括机构和个人。私募基金是指通过非公开方式向特定投资者募集资金并以证券为投资对象的证券投资基金。

在信息披露方面,公募基金对信息披露的要求非常严格,并要求基金公司及时披露投资的信息;私募基金对信息披露的要求则较低,具有较强的保密性。

在业绩报酬方面，公募基金不提取业绩报酬，只收取管理费，不承担损失也不分享收益；私募基金则按业绩收益提成，通常不收管理费或者只收取象征性的管理费。这也导致了两者的运营目标不同，公募基金是以超过业绩比较基准为目的，而私募基金则是要追求绝对收益和超额收益。

在投资方面，公募基金主要是投资有价债券为主，有着严格的限制条件，而私募基金则没有具体要求，主要是根据协议的约定进行投资，既可以投资有价证券，也可以投资一些其他品种和金融衍生品，如期货、期权、黄金、外汇等。此外，两者的投资门槛是不一样的，公募基金大多数是百元起投，有的甚至可以 10 元起投，而私募基金的投资门槛高达百万元。

总体来说，公募基金和私募基金的区别如图 5-2 所示。

	公募基金	私募基金
风险不同	相对较低	风险更高
募集对象不同	广大社会公众，不特定的投资者	少数特定的投资者，包括机构和个人
募集方式不同	公开发售	非公开发售
信息披露不同	严格要求、及时披露投资信息	保密性强
投资范围不同	严格限制：有价证券	无要求、凭协议约定
业绩报酬不同	只收管理费	一般不收管理费；按业绩收益提成
运营目标不同	超越业绩比较基准	追求绝对收益和超额收益
投资门槛不同	10 元、100 元、1000 元不等	百万元起

图 5-2　公募基金和私募基金的区别

5.1.2　根据运作方式分类

根据运作方式的不同，基金可以分为封闭式基金和开放式基金。

1. 封闭式基金与开放式基金

封闭式基金是指基金有固定的存续期限，份额在基金合同期限内固定不变，基金的持有人在该合同期限内不得申请赎回，但是可以在依法设立的证券交易所交易基金份额的一种基金运作方式。

开放式基金是指没有固定的存续期限，基金份额不固定，基金份额的持有人可以在基金合同约定的时间和场所进行申购或赎回的一种基金运作方式。

2. 两者之间的差别

两者之间的差别主要体现在如下几个方面：

（1）开放式基金的规模是持续变动，基金的持有者会实时对基金进行申购和赎回。而封闭式基金一般在基金合同的期限内不会发生变化，除非是通过扩募追加规模；

（2）基金的交易方式不同。封闭式基金一般在交易所进行交易，开放式基金一般不在交易所进行交易，而是在场外市场进行交易；

（3）基金的存续期限不同，封闭式基金有明显的固定存续期限，而开放式基金没有存续期限。

5.1.3 根据投资理念分类

根据运作方式的不同，基金可以分为主动型基金和被动型基金。

1. 主动型基金与被动型基金

主动型基金以超越市场基准为目标，期望获得超越市场的投资回报。被动型基金又叫指数型基金，它不主动寻求超越市场的表现，而是试图复制指数的表现，获得与所追踪的指数一致的预期回报。

2. 两者之间的差异

（1）主动型基金是在募集后由基金经理运营管理，将资金投资于股票、债券等标的，以期获得超越市场基准收益的基金；被动型基金的管理完全是被动式的，基金公司和基金经理几乎不参与到选择行业和股票上来，在大部分情况下只是把资金募集后按比例投入到相应指数的成分股即可。

（2）主动型基金的管理成本比较高，一只基金选择行业、选择个股完全由基金公司和基金经理决定，在选择完之后也需要基金经理和团队对投资的标的进行实时跟踪，所以基金管理费较高。被动式基金投资的指数是有成分股的，且不同的成分股所占的权重也有数据可查，基金就投资于这些成分股，并且按照权重进行资产配置，是完全复制的行为，不需要基金公司主动选择个股，管理成本比较低，因此管理费就比较低。

（3）投资者可以根据主动型基金的业绩判断基金公司整体实力和基金经理的水平和稳定性，表现好的基金可以取得持续超越市场的收益，而被动型基金则不能充分体现出基金经理和团队的投资能力，大部分取得的是市场的平均收益。

5.1.4 根据法律形式分类

根据法律形式的不同，基金可以分为契约型基金和公司型基金。

1. 契约型基金与公司型基金

契约型基金是指通过签订基金契约的形式发行的一种基金，又称单位信托基金。它是基于契约原理而组织起来的，通过该契约来规范投资者、管理人、托管人三方当事人的代理投资行为，没有基金章程，也没有公司董事会。

基金管理人作为基金的发起人，负责基金的管理操作，通过发行收益凭证将资金筹集起来组成信托财产。基金托管人作为基金资产的名义持有人，负责基金资产的保管和处置，对基金管理人的运作实行监督。投资者是收益凭证的持有人，通过购买收益凭证，参与基金投资，享有投资收益。我国公募基金基本都是契约型基金。

公司型基金是指依据公司法通过发行股份并以股份投资的形式设立的基金，基金本身就为一家股份有限公司。该公司在通过发行股票或收益凭证的方式来筹集资金后，再由公司委托一家投资顾问公司进行投资。

公司型基金的组织结构主要有以下几类当事人：基金股东、基金公司、投资顾问或基金管理人、基金保管人、基金转换代理人、基金主承销商。基金公司资产为投资者（股东）所有，由股东选举董事会，由董事会先聘请基金管理人，基金管理人负责管理基金业务。

2. 两者之间的主要差异

（1）法律依据不同。契约型基金依照基金契约进行资金的募集和资产的管理，公司型基金依照《公司法》进行资金的募集和资产的管理。

（2）基金财产的法人资格和发行凭证不同。公司型基金具有法人资格，发行的是股票；契约型基金没有法人资格，发行的是收益凭证。

（3）投资者的地位不同。公司型基金的投资者作为公司的股东有权对公司的重大决策发表自己的意见，可以参加股东大会，行使股东权利。契约型基金的投资者在购买收益凭证后成为契约关系的当事人，即受益人，但是对资金的

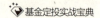

运用没有发言权。

5.1.5　根据投资风格分类

根据投资风格的不同，基金可以分为成长型基金、收入型基金和平衡型基金。

1. 成长型基金、收入型基金与平衡型基金

成长型基金是指较少考虑当期收入，多以追求长期资本增值为基本目标的基金；价值型基金是指那些投资风格稳健，以追求稳定的当期收入为基本目标的基金；平衡型基金既注重资本增值又注重当期收入，介于成长型和价值型之间。

2. 三者之间的主要区别

（1）投资的标的不同。成长型基金主要投资于成长型股票；价值型基金主要投资于收益类证券、大盘蓝筹股、公司债券、政府债券等；平衡型基金的投资对象以债券、股票为主。

（2）风险不同。成长型基金的风险较大，但潜在的收益和成长也比较大；价值型基金风险较小，但潜在的收益和成长也有限；平衡型基金的收益和风险介于两者之间。

（3）目的不同。成长型基金主要是以长期资本的增值为基本目标；价值型基金是以追求当期收入为基本目标；平衡型基金介于两者之间，既注重资产的长期增值也注重追求当期收入。

5.1.6　根据资金来源分类

按照资金来源的不同，基金可以分为在岸基金和离岸基金。

1. 在岸基金与离岸基金

在岸基金是指在本国募集资金并投资于本国证券市场的基金。我国市场上的主流基金都属于在岸基金；离岸基金是指在他国发售证券投资基金份额，并将募集的资金投资于本国或第三国证券市场的证券投资基金，典型的如 QFII（Qualified Foreign Institutional Investors，合格的境外机构投资者）基金。

2. 两者之间的主要差别

（1）法律环境不同。在岸基金是在一国之内募集资金并进行投资，所以基金投资者、基金组织、基金管理人、基金托管人等所有当事人的行为都必须遵

守该国的法律法规；而离岸基金一般设立在离岸中心，所在地的法律环境相对宽松。

（2）监管的便利性不同。在岸基金的有关当事人及投资市场都在本国境内，所以基金的监管部门可以比较容易地对其进行监管，而离岸基金的有关当事人并不在一个国家境内，所以监管难度也相对较大。

（3）运作的平稳性不同。在岸基金是在本国募集资金并进行投资，所以没有汇率风险，受国际金融市场动荡的影响也比较小，运作相对比较平稳；而离岸基金是他国发售，投资于本国或第三国，虽然避免了单一市场带来的风险，但是也会承受由汇率、国际局势等其他方面变化所带来的风险。

（4）退出渠道不同。离岸基金主要通过红筹上市方式实现退出，即两头在外的经营模式；而在岸基金会更多地考虑在境内上市退出这一渠道。

（5）限制不同。在岸基金受本国相关法律法规的限制比较大，而离岸基金的投资对象和范围受法律限制较小，因此存在更大的可操作性。

5.1.7　根据投资对象分类

按照投资对象的不同，基金可以分为股票型基金、债券型基金、混合型基金和货币型基金。

股票型基金指投资股票的比例一般占基金总资产的 80% 以上的基金。

债券型基金指投资债券的比例一般占基金总资产的 80% 以上的基金。

混合型基金指将部分资金投在股票上，而另一部分资金投在债券上的基金（投资比例可以变化调整）。

货币型基金指全部资产都投资于各类货币市场工具上的基金。货币工具包括国债、央行票据、商业票据、银行定期存单、政府短期债券、同业存款等。

5.1.8　几类特殊的基金

1. FOF

FOF 的投资范围仅限于其他基金，其通过投资其他基金而间接地持有股票、债券等证券资产，又被称为"基金中的基金"。

2. 保本基金

保本基金属于一种半封闭式的基金，是通过投资组合的保险技术，在一定的投资期内为投资者提供某固定比例的本金回报保证，保证投资者在投资到期时至少能够获得承诺比例投资本金的基金。该基金的风险相对较小。

3. ETF 与 LOF

ETF 基金是指交易型开放式指数基金，其管理的资产是一揽子股票组合，而这一组合中的股票种类和比例往往与某一特定的指数所包含的成分股相同，如上证 50 指数。它的价格取决于它所拥有的一揽子股票的价值，交易手续与股票完全相同。

LOF 基金是指在交易所上市交易的开放式证券投资基金，是我国对基金的一种本土化创新，也称为上市型开放式基金。投资者既可以通过基金管理人或其委托的销售机构进行申购和赎回操作，也可以通过交易所市场以交易系统撮合成交价进行基金的申购和赎回操作。

【知识链接】ETF 基金的 LOF 基金的主要区别

①申购、赎回的标的不同。ETF 的标的是基金份额与一揽子股票，"实物申购，实物赎回"；LOF 的标的是基金份额与现金，申购的可能是股票，赎回是现金。

②对申购、赎回的限制不同。ETF 的门槛高，交易最低要求在 50 万份以上；LOF 对于申购赎回没有特别的要求，普通投资者也可以参与。

③申购、赎回的场所不同。ETF 的交易场所是交易所；LOF 是代销网点或交易所。

④投资策略不同。ETF 基金属于完全被动式的管理方法，以拟合某一指数为目标；LOF 可以是指数型基金，也可以是主动管理型基金。

⑤报价的频率不同。在二级市场的报价上，ETF 每 15 秒提供 1 次基金净值报价；LOF 通常 1 天只提供 1 次或几次基金净值报价，少数 LOF 每 15 秒提供 1 次基金净值报价。

4. QDII 与 QFII

QDII（Qualified Domestic Institutional Investor，合格的境内机构投资者）是指在人民币资本项目不可兑换、资本市场未开放的条件下，在一国境内设立，经该国有关部门批准，有控制地、允许境内机构从事境外资本市场的有价证券投资业务的基金。

QFII 即外国投资者将资金转换为本国货币，并经过本国有关部门允许后投资于本国的证券市场。

5. 分级基金

分级基金是指通过对基金收益或净资产的分解，使之形成两级（或多级）风险收益结构的基金，其中，分级基金的基础份额称为母基金份额，非基础份额称为子基金份额。预期风险和收益较低的子基金份额称为 A 类份额；预期风险、收益较高的子基金份额称为 B 类份额。此类基金又叫作结构化基金。

6. 系列基金

基金发起人根据一份总的基金招募书设立多只相互之间可以根据规定的程序及费率水平转换的基金，这些基金共用一个基金合同，独立运作，子基金之间还可以相互转换。这一类基金就叫作系列基金，也叫作"伞形基金"。

除此之外，根据交易地点的不同，可以将基金分为场内基金和场外基金，关于两者的概念和区别在前文中已详细阐述，在此不再赘述。

5.2　四类主要基金的特点

根据上节内容可知，根据投资对象的不同，基金可以分为货币型、债券型、股票型和混合型这四种，接下来将对这几类基金进行详细阐述。

5.2.1　货币型基金

1. 基本概念

货币型基金是指主要投资于央行票据、银行定期存款、商业本票、承兑汇票等安全性极高的短期金融品种的基金。基金所投资的这些金融品种一般具有风险低、流通性高、收益较低的特点。

▦【知识链接】货币基金的投资范围

根据《货币市场基金监督管理办法》的规定，我国货币基金的投资范围如下。

（1）现金。

（2）期限在一年以内（含一年）的银行定期存款、债券回购、中央银行票据、同业存单。

（3）剩余期限在 397 天以内（含 397 天）的债券、非金融企业债务融资工具、资产交换证券。

（4）中国证监会、中国人民银行认可的其他具有良好流动性的货币市场工具。

判定一只货币型基金收益率高低的指标有两个：一是 7 日年化收益率；二是每万份基金单位收益。图 5-3 所示的长盛货币 A（080011）的 7 日年化收益率是4.394%，每万份基金单位收益为 1.1576 元，其中，7 日年化收益率是包括当天在内的前 7 日的平均收益折合成年收益率的数据，是最直观反映基金业绩状况的指标。

长盛货币A(080011)			
每万份收益 (12-14)	7日年化 (12-14)	14日年化	28日年化
1.1576	4.3940%	4.32%	4.29%
近1月: 0.35%	近3月: 1.03%		近6月: 2.03%
近1年: 3.66%	近3年: 11.02%		成立来: 46.39%
基金类型: 货币型 | 低风险	基金规模: 31.16亿元 (2017-09-30)		基金经理:
成 立 日: 2005-12-12	管 理 人: 长盛基金		基金评级: 暂无评级

图 5-3　长盛货币 A（080011）的基本概况（数据来自天天基金网）

2. 特点

货币市场基金的特点有以下几个方面。

（1）流动性好、安全性高。货币型基金的投资对象是货币市场工具，而货币市场工具所具备的高安全性、高流动性的特点，使得货币市场基金管理人可以随时追加投资额，也可以随时退出，投资者也可以对基金份额随时进行申购和赎回操作。

（2）风险较小。基金经理通过构建投资组合使得各种货币型工具之间的优点得到互补。这使得原本风险就很低的货币市场工具在经过组合之后形成的货币市场基金的风险降到更低的水平。事实上，在市场中已经存在的货币型基金虽然有收益率高低的分别（其差别十分小，如图 5-4 所示，长盛货币 A 的收益率曲线和同类平均的收益率曲线几乎重合），但是几乎还没有一只出现过亏损。这也证实了货币型市场基金的低风险特征。

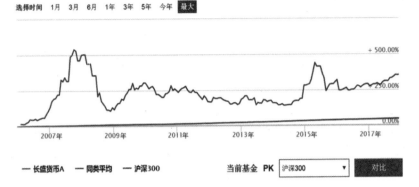

图 5-4　长盛货币 A（080011）的收益率曲线图（数据来自天天基金网）

（3）费用低。货币型基金的申购和赎回不收取任何的手续费，基金份额在持有期间的管理费也比较低廉，相应的投资回报更是不收取任何税费。可以说，货币市场基金是所有基金之中费用最为低廉的品种之一。

（4）收益稳定，收益率高于同期银行存款。货币型基金所投资的货币市场工具的特点使得货币型基金的收益波动性不大，同时由于货币市场工具的流动性好，交易价差小，所以货币市场基金资产的收益相对稳定，资本利得一般比较小，适合那些投资比较保守，对风险承受能力比较低及对现金有管理需求的投资者。此外，货币市场基金可以最大限度地实现规模效益，以机构投资者的地位争取到更优惠的市场价格、获取更高的收益，因此其收益率通常会高于同期的商业银行存款。

（5）投资者多元化。由于免税和高流动性，相当一部分机构和个人，特别是一些非金融性公司，在生产经营过程中，经常有着较多的财务资金头寸。一方面为了获得高于银行定期利率的收益回报率，另一方面也不能影响其生产周转和资金的流动性，这时选择货币型基金就比较合适。

5.2.2　债券型基金

1.基本概念

债券型基金是指将资金全部或大部分投资于债券市场的基金。它的投资对象主要是以国债、金融债、企业债等固定收益类金融工具，因为这些固定收益类金融工具收益比较稳定，所以债券基金又被称为"固定收益基金"。

【知识链接】债券型基金的分类

①标准债券型基金：此类债券型基金只投资于债券，又叫作"纯债基金"。如图 5-5 所示，南方通利 A（000563）基金就是一只典型的纯债券类基金。此类纯债基金投资的资产中，一般企业债占比 70% 左右，中短期的金融债券占 30% 左右。

南方通利A(000563)

净值估算2017-12-15 15:00	单位净值（2017-12-14）	累计净值
1.0271 ↑ +0.0001 +0.01%	**1.0270** 0.00%	**1.2420**

近1月: -0.10%	近3月: 0.00%	近6月: 0.39%
近1年: 0.49%	近3年: 17.93%	成立来: 26.06%

基金类型: 债券型 | 中低风险	基金规模: 8.65亿元（2017-09-30）	基金经理: ▓▓▓
成 立 日: 2014-04-25	管 理 人: 南方基金	基金评级: 暂无评级

图 5-5　南方通利 A（000563）的基本概况（数据来自天天基金网）

②混合债券型一级基金：通常称为"一级债基"，其大部分基金资产投资于债券，小部分资产在股市一级市场申购新股，增加基金收益。值得注意的是，根据证监会 2014 年发布的《首次公开发行股票承销业务规范》，债券型基金或集合信托计划是不得参与新股发行的，因此该类基金的投资标的的类别已发生改变。

③混合债券型二级基金：通常称为"二级债基"，大部分基金资产投资于债券，并拿出一部分资产投资于股市二级市场。由于基金资产中配置了部分股票，所以波动比纯债基金要大，当然收益通常也更好。

④可转债基金：以可以转化为普通股票的债券为主要投资对象的基金叫作可转债基金。

2. 特点

债券型基金的主要特点如下。

（1）风险和收益适中。债券型基金投资组合以债券为主，通过对不同的债券进行组合投资，能有效降低单个投资者直接投资于某种债券可能面临的风险，在风险系数上比股票型基金小，比货币型基金大，又由于债券型基金的投资对象的收益较为固定，波动相对不大，所以在预期收益回报上债券型基金比股票型基金小，比货币型基金大。它的一般年化收益率为 5% ~ 10%。

所以，债券型基金比较适合那些想要长期投资，同时投资风格又比较稳健，对风险承受能力适中，最终目的是追求资产稳健增值及优化权益投资组合、平衡整体风险的投资者。

（2）费用较低，流动性强。由于债券型基金投资管理的债券市场工具相对股票来说比较简单，收益也比较固定，所以它的管理难度相对较低，因此其管理费也相对较低。同时，许多非流通债券一般只有到期才能兑现，在这期间是无法进行申购和赎回的，而通过债券基金间接投资于债券，投资者则可以获取很高的流动性，随时可将持有的债券基金份额转让或赎回。

▦【知识链接】影响债券型基金净值的因素有哪些？

①利率。由于债券基金是固定收益类产品，基金净值会随着利率的升降呈反向变动，利率上升，净值下降；利率下降，净值上升。

②信用评级。如果某债券的信用等级下降，将会导致该债券的价格下跌，持有这种债券的基金净值也会随之下降。

③提前兑付。当利率下降时，拥有提前兑付权利的发行人会行使该权利。基金经理不得不将兑付资金投资于利率更低的债券产品，会使得基金整体回报下降。

④基金经理。基金经理的市场判断能力、投资组合管理能力等都可能对基金的回报带来影响。

5.2.3 股票型基金

1. 基本概念

股票型基金是指主要投资于股票市场的基金，是基金中最主要的一种。它的投资对象主要为股票，包括优先股股票和普通股股票。图 5-6 所示的博时沪深 300 指数 A（050002）就是一只典型的股票型基金，它的投资对象为沪深 300 指数里的 300 只成分股。而一个基金是不是股票基金，往往要根据基金契约中规定的投资目标、投资范围去判断。

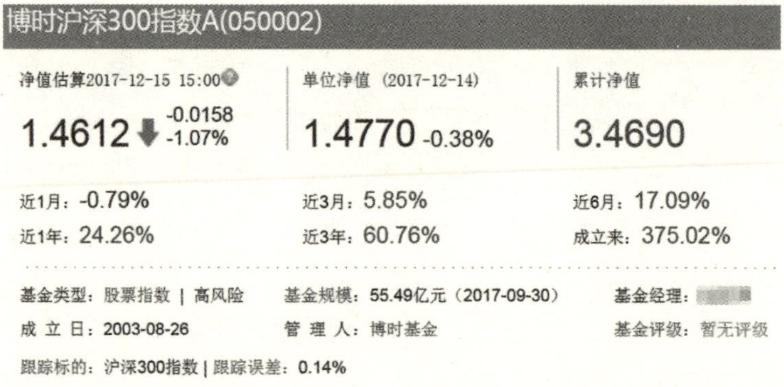

博时沪深300指数A(050002)

净值估算2017-12-15 15:00	单位净值 (2017-12-14)	累计净值
1.4612 ↓ -0.0158 -1.07%	**1.4770** -0.38%	**3.4690**

近1月: -0.79%	近3月: 5.85%	近6月: 17.09%
近1年: 24.26%	近3年: 60.76%	成立来: 375.02%

基金类型: 股票指数 | 高风险	基金规模: 55.49亿元（2017-09-30）	基金经理: ▓▓▓▓
成立日: 2003-08-26	管理人: 博时基金	基金评级: 暂无评级

跟踪标的: 沪深300指数 \| 跟踪误差: 0.14%

图 5-6　博时沪深 300 指数 A（050002）的基本概况（数据来自天天基金网）

在我国，上市交易的封闭式基金及大部分的开放式基金基本都属于股票型基金。

2. 特点

股票型基金的主要特点如下。

（1）高风险、高收益。股票型基金投资的主要对象为股票，持仓比例大，而股票市场的波动本身就比较剧烈，风险和潜在的收益也比较高，这就决定了股票型基金的风险和收益也比较大。但是跟投资者直接投资股票相比，投资股票基金，投资者不仅可以分享各类股票的收益，还可以通过投资组合的方式把风险分散到不同的股票上，在一定程度上降低了风险。股票型基金的风险和收益还是大大高于货币型基金和债券型基金。

（2）流动性强、变现性高。股票型基金主要是以那些流动性极好、资产质量又高的股票为投资对象，一般来说只要是开放式的股票型基金都支持随时申购和赎回，急需用到资金时可以把基金份额随时变现。因此，股票型基金具有流动性强、变现性高的特点。

（3）投资和目的的多样性。股票基金的投资者既包括个人投资者，也包括金融市场上的各类机构，其投资目的也不再是单纯的资金管理、资产保值，而是想通过投资股票型基金获取高于市场平均收益的收益，实现资产的快速增值。

（4）国际市场的融资功能。首先，在大部分国家，股票市场的国际化程度比外汇和债券市场要低，所以其投资者主要是来自本国国内，即使可以投资外国股票，也常常受到各种条件的约束。但股票型基金却突破了这一限制，投资者可以通过购买股票型基金，投资其他国家或地区的股票市场，这不仅使投资者的资产配置选择变得越来越多，同时对于证券市场的国际化也具有积极的推动作用。

▦【知识链接】购买股票型基金需要考虑的因素

①成立时间：最少要保证所购买的基金成立时间超过一年，若基金成立时间太短，则投资者将面临很多不确定因素。

②历史业绩：主要要看长期的历史业绩，重点是两年到 5 年间的业绩回报水平及排名。切勿过分追求短期的收益。

③基金规模：基金规模应当适中，如果基金规模过大，则不利于在动荡的市场中及时换仓，规模过小又无法进行合理配置，甚至面临被清盘的危险。规模最好是在 10 亿元到 50 亿元之间。

④基金公司：一般来说，那些成立时间长、规模大、知名度高、综合实力强、投研团队稳定、基金产品种类齐全、基金数量多和基金业绩均衡的基金公司是比较可靠的。

⑤基金招募说明书：重点看该只基金的投资目的、风格、风险程度和业绩比较基准是否切合自身的投资需要。

⑥基金经理：重点看该基金的基金经理背景、从业经验和所管理的其他基金的历史业绩等。

5.2.4 混合型基金

1. 基本概念

混合型基金是在投资组合中既有股票等高风险投资品种，又有债券等中低收益投资品种的基金。它结合了股票型基金和债券型基金这两类基金的特点，在利用一部分资金投资债券获取固定收益的同时，再用另一部分资金投资在股票市场以博取更大的收益。这样投资者无须再分别购买股票型和债券型两种基金。这类基金的潜在收益和风险大于债券类基金，小于股票型基金。图 5-7 所示的易方达新丝路灵活配置混合（001373）就是一只典型的混合型基金。

易方达新丝路灵活配置混合(001373)

净值估算2018-08-01 14:35	单位净值 (2018-07-31)	累计净值
0.8180 ↓ -0.0100 -1.21%	**0.8280** -0.24%	**0.8280**

近1月: -1.08%	近3月: -1.19%	近6月: -5.26%
近1年: 8.95%	近3年: 7.25%	成立来: -17.20%

基金类型: 混合型 | 中高风险	基金规模: 109.21亿元（2018-06-30）	基金经理: ▓▓▓
成立日: 2015-05-27	管理人: 易方达基金	基金评级: 暂无评级

图 5-7　易方达新丝路灵活配置混合（001373）的基本概况（数据来自天天基金网）

▦【知识链接】混合型基金的分类

根据资产投资比例可以分为偏股型基金（股票配置比例 50%～70%，债券比例在 20%～40%）、偏债型基金（债券配置比例 50%～70%，股票比例在 20%～40%）、平衡型基金（股票、债券比例比较平均，大致在 40%～60%）、配置型基金（股债比例按市场状况进行调整）。

2. 特点

混合型基金的主要特点是：既可以分享股票的高收益，同时又有债券的低风险。

（1）风险对冲。混合型基金投资的股票和债券这两种投资工具具有很好的互补性，股票的风险较大，但是潜在的收益也比较大；债券的风险比较小，但是潜在的收益也较小。所以投资者在投资混合型基金时，不管市场如何变化，该两类投资工具的风险都可以对冲，这样投资风险就可以在一定程度上得以分散和降低。

（2）灵活度高。相比于单纯的债券型或者股票型基金而言，混合型基金的投资更加灵活。因为在股市行情比较好时，可以减少对债券的投资，加大对股票的投资，来赚取更多的收益；反之则减少对股票的投资，加大对债券的投资，以减少潜在的损失。

总体来说，这四类基金各有不同的特点和适合投资的人群，如图 5-8 所示，投资者可以结合自身的投资目标和风险承受能力等特点合理选择适合自己的基金类型，以获得理想的投资回报。

图 5-8　四类基金的不同特点和适合投资人群

5.3　适合定投的基金类型

在上一节内容中已经介绍了货币型、债券型、股票型和混合型四种基金，那么哪一种基金更适合定投呢?

5.3.1　货币型基金

货币型基金投资的主要对象本身就是一些如央行票据、银行定期存款、商业本票、承兑汇票等安全性极高的短期金融品种，因此大部分的货币型基金走势一般相对稳定。图 5-9 所示的货币型基金在十几年的时间内，从来没有发生过亏损，且收益一直持续上涨几乎没有任何波动，这十多年的总收益将近 50%。这十分契合那些保守型的投资者的投资理念，因为货币型基金可以在保证本金安全的前提下获取一定的收益，但是对于基金定投却并不合适，因为既然货币型基金的风险极低，收益也很稳定，那么通过定投来分散风险、摊薄成本的作用就微乎其微。对于此类基金，投资者大可采取一次性单笔买入的策略，而不是基金定投。另外，货币型基金的涨幅也非常有限，对于基金定投这种追求长期投资来换取高回报率的投资方式也不合适。

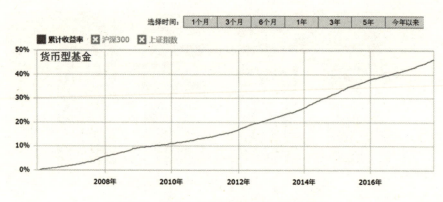

图 5-9　某货币型基金的累计收益率走势图

5.3.2　债券型基金

债券型基金的投资对象主要是国债、金融债、企业债等固定收益类金融工具，相比于货币型基金它的潜在收益和风险更大。图 5-10 所示的就是一只典型的债券型基金累计收益率走势图，与图 5-9 中的货币基金相比，它的累计收益率走势图有了一定幅度的波动，而且它从 2006 年成立以来到 2018 年的这 12 年间的累计收益率也更高，达到了 80% 以上。但同样的，对于基金定投这种追求长期投资来换取高回报率的投资方式，12 年才上涨 80% 的投资回报率还远远不够，另外，波动幅度有限也使得基金通过定投来摊薄成本的作用不大明显。因此，债券型基金也不适合用基金定投的方式进行投资。

图 5-10　某债券型基金的累计收益率走势图

5.3.3 股票型基金

股票型基金主要投资于股票市场。相对于货币市场工具和固定收益的债券，股票的波动更加明显，其潜在收益和风险更大。图 5-11 所示的就是一只特别典型的股票型基金，跟货币型和债券型基金相比，它的波动更大，在图形上显示有非常明显的波峰和波谷，自成立以来的 14 年间的总累计收益率已经达到 380%，其收益大大高于同期的货币型基金和债券型基金。可见，股票型基金不仅波动较大，而且预期收益高，这种"高波动、高涨幅"非常适合基金定投（以长期投资的方式摊薄成本），在化解风险的同时，博取较大的收益。

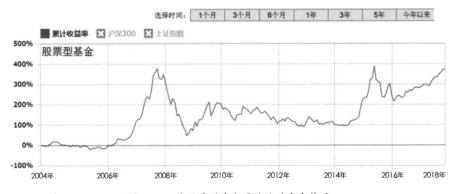

图 5-11 某股票型基金累计收益率走势图

5.3.4 混合型基金

混合型基金是在投资组合中既有股票等高风险投资品种，又有债券等固定收益投资品种的基金，它的风险和潜在收益居中。在利用基金定投的时候，投资者应当选择那些偏股混合型基金，这样才能更加发挥出定投的优势，图 5-12 所示的就是一个典型的偏股混合型基金，它的波动较为明显，成立以来的累计收益率也达到了 200%，所以非常适合以基金定投的方式进行投资。

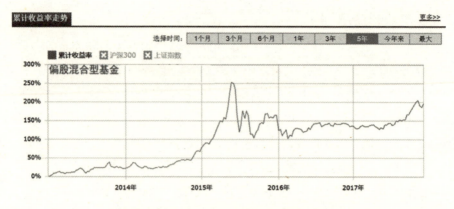

图 5-12　某偏股混合型基金累计收益率走势图

综上所述，股票型基金和混合型基金中的偏股混合类基金比较适合进行基金定投，其中，股票型基金还分为被动型基金和主动型基金。被动型基金主要是指指数型基金，主要是通过对指数中成分股的追踪来获取与被追踪指数一致的平均收益，比较适合经验不足的投资者；主动型基金是通过积极的管理和适时调整的策略来博取高于市场的收益，偏股混合型基金采取股债混合的方式，"进可攻退可守"，可以适应不同市场行情下的风格转换。这三者具体的特点和适合人群如图 5-13 所示。

适合定投的基金类型

被动型股票基金（指数型）	可获得市场成长（或对应指数）的平均收益。操作简单
主动型股票基金（主动管理型）	选择优秀的主动型股票基金，可获得高于市场平均值的收益率；要付出更多智慧
偏股混合型基金	股债混合，进可攻退可守，适合牛熊行情明显的证券市场

图 5-13　适合定投的基金类型的特点和适合人群

5.4　股票指数详解

5.4.1　指数的基本概念

投资者在进行投资时，一般都会听到例如"今日上证指数上涨多少，深成指下跌多少"之类的指数播报新闻，那么到底什么是指数，主流的指数又有哪些，它的上涨和下跌又是怎么得出来的呢?

股票指数全称是股票价格指数,简称股指,是由证券交易所或金融服务机构按照纳入指数计算范围的股票样本综合计算得出的一种表明股票行市变动的参考数字。根据反映范围的不同,股指又可以分为综合性指数和成分股指数。

(1)综合性指数

典型的如上证指数。上证指数是将指数所反映出的价格走势涉及的在上海证券交易所上市的全部股票都纳入指数计算范围,根据当天在上海证券交易所上市的全部股票的价格变化来计算当日指数的综合涨幅。例如,某指数一共有90只股票,假设其所占权重都一样,某一个交易日,前30只股票上涨1%,中间30只下跌1%,后30只下跌3%,则该指数当天的综合涨跌幅=(30×1% - 30÷1% - 30×3%)÷90 = - 1%。

值得注意的是,该类指数虽然考虑了所有股票的涨跌幅,但是由于在实际的交易市场中,各个股票的规模和所占权重不一样,所以很难反映出市场的精准变化,这时对这些股票分门别类后再编制不同的指数以反映不同行业或不同类型的股票变化情况就显得尤为重要,而成分股指数正是基于这一原理编制的。

(2)成分股指数

典型的如沪深300指数,它是从上海和深圳证券交易所的全部上市股票中选取300只权重比较大且流动性好的股票,计算得出的一个综合性成分股指数。这一类成分股指数都只是以全部股票中选取的一部分较有代表性的股票作为基础,并以这些股票当日的价格变化来计算当日指数的综合涨幅。该指数可以反映某一类或某一行业股票的价格表现情况。

5.4.2 常见指数

1. 上证50指数

该指数由中证指数公司编写,是指从上海证券交易所的全部股票中挑选出来的规模最大、流动性最好、代表性最强的50只股票。这些股票一般都属于大盘成长类的股票,具有在牛市中收益稳健、熊市中抗跌的特性,同时这50只成分股并不是一成不变的,会根据"优胜劣汰"的原则进行适时更新(通常每半年左右更新一次）。投资者投资该指数基金可以获得与大盘股几乎一致的市场平均收益，适合那些比较稳健的投资者进行定投。具体的成分股种类和这50只股票的名称，投资者可以进入"中证指数公司"官网进行查询，结果如下表（截至2017年年底）所示。

浦发银行（600000）	民生银行（600016）	中国石化（600028）
南方航空（600029）	中信证券（600030）	招商银行（600036）
保利地产（600048）	中国联通（600050）	同方股份（600100）
上汽集团（600104）	国金证券（600109）	北方稀土（600111）
信威集团（600485）	康美药业（600518）	贵州茅台（600519）
山东黄金（600547）	东方明珠（600637）	海通证券（600837）
伊利股份（600887）	中航动力（600893）	东方证券（600958）
招商证券（600999）	大秦铁路（601006）	中国神华（601088）
兴业银行（601166）	北京银行（601169）	中国铁建（601186）
东兴证券（601198）	国泰君安（601211）	农业银行（601288）
中国平安（601318）	交通银行（601328）	新华保险（601336）
兴业证券（601377）	中国中铁（601390）	工商银行（601398）
中国太保（601601）	中国人寿（601628）	中国建筑（601668）
华泰证券（601688）	中国中车（601766）	光大证券（601788）
中国交建（601800）	光大银行（601818）	中国石油（601857）
方正证券（601901）	中国核电（601985）	中国银行（601988）
中国重工（601989）	中信银行（601998）	

2. 沪深300指数

沪深300指数是从沪深两市中综合选取300只市值规模大、流动性好、代表性强的股票。这300只股票可以综合反映整个A股市场的状况。这类股票一般是业绩比较优秀、市值较高的大盘蓝筹股。投资者投资这类股票可以获得跟A股市场整体走势相差不大的投资收益，其中流通市值前15名的股票的基本概况如图5-14所示（截至2018年7月底）。

股票代码	名称	主营行业	地区	权重（%）	每股收益（元）	每股净资产（元）	流通股本（亿元）	流通市值（亿元）
601398	工商银行	金融	北京	1.15	0.21	5.46	3564.06	15260.05
601857	中国石油	能源	北京	0.37	0.03	6.54	1830.21	13131.88
601288	农业银行	金融	北京	1.36	0.16	3.95	3247.94	11056.48
601988	中国银行	金融	北京	0.80	0.15	4.59	2943.88	8557.08
600519	贵州茅台	食品饮料	遵义	2.27	8.96	60.2	12.56	5994.83
600028	中国石化	能源	北京	0.60	0.14	6.02	1210.71	5819.47
601628	中国人寿	金融	北京	0.44	0.21	10.66	282.65	5799.35
601318	中国平安	金融	深圳	5.48	1.29	22.51	182.80	5732.65
600036	招商银行	金融	深圳	2.57	0.79	16.68	252.20	5340.83
600000	浦发银行	金融	上海	1.42	0.63	16.20	281.04	3675.97
601166	兴业银行	金融	福州	2.11	0.88	17.59	190.52	3379.88
600104	上汽集团	交运设备	上海	0.99	0.72	18.45	110.26	3206.23
601088	中国神华	能源	北京	0.36	0.62	16.37	198.90	3186.07
601668	中国建筑	建筑	北京	1.43	0.24	6.59	297.31	2976.06
601328	交通银行	金融	上海	1.69	0.26	7.93	742.63	2555.23

图 5-14　沪深 300 指数成分股中的流通市值前 15 名的股票（数据来自南方财富网）

3. 中证 500 指数

中证 500 指数又叫中证中小盘指数，它是在我国的 A 股市场中剔除了沪深 300 指数成分股后，选取了总市值和流通性靠前的 500 只股票进行综合计算后所得到的指数。这部分股票的特点是市值较小、成长性好和潜在收益较大。投资者投资以该类指数为标的的基金，可以获得与整个 A 股市场中小盘表现大体一致的收益。投资者可以在中证指数公司的官网上进行查询，得知具体成分股的种类和名称。

4. 中证 800 指数

中证 800 指数是由中证指数公司编写的，其成分股由中证 500 和沪深 300 的成分股一起构成。它反映的是整个沪深两市 A 股市场的整体表现，其成分股包含了大、中、小三种市值的股票，流动性较好。

5.5 红利型指数

在所有指数中，有一类指数与基金定投的关系最为密切，那就是红利型指数。因为红利型指数所对应的基金是有一定投资价值的，同时也特别适合针对养老投资为目的的基金定投。红利型指数基金的成分股是由一些现金分红比较多、股息率比较高的上市公司的股票组成。它挑选成分股的标准就是"高分红、高股息"。另外，红利型指数还自带"平衡策略"，每年根据不同上市公司的分红和股息高低优胜劣汰，留下市场中最为核心的红利型股票。所以它的投资价值比较高，很适合基金定投。

红利型指数根据成分股的来源的不同可以分为上证红利指数、深证红利指数、中证红利指数。它们的成分股分别来自上海证券交易所、深圳证券交易所及沪深两地交易所。它们的具体含义如图 5-15 所示。

指数	含义
上证红利指数	上证红利指数挑选在上证所上市的现金股息率高、分红比较稳定、具有一定规模及流动性好的50只股票作为样本，以及反映上海证券市场高红利股票的整体状况和走势
深证红利指数	深圳红利指数选取深证市场上能给投资者提供长期稳定回报的40只股票作为成分股；主要参考分红（包括现金分红、股票分红）的频率与数量，是巨潮红利指数在深市的缩影。这类股票多是成熟的绩优股或分红能力较强的成长股
中证红利指数	中证红利指数以沪深A股中的现金股息率高、分红比较稳定、具有一定规模及流动性好的100只股票为成分股，采用股息率作为权重分配依据，以反映A股市场高红利股票的整体表现

图 5-15 典型的红利型指数含义

5.6 指数型基金

5.6.1 基本概念

指数型基金是指通过购买某指数所包含的成分股来构建投资组合，以获得与该指数涨跌幅度一致，与目标指数大致相同的收益率的一类基金。它的投资对象是各类指数，如上证 50、沪深 300、中证 500 等。关于指数型基金的投资方法和投资思路，下面以易方达上证 50 指数 A（110003）为例进行详细说明。

⚑【**案例分析**】易方达上证 50 指数 A 的投资思路

首先，由名称可以知道该只基金是易方达基金公司推出的以追踪上证 50 指数中的成分股为标的的指数型基金，其基本概况如图 5-16 所示，因为该基金基本上是完全复制上证 50 中成分股的股票和它们所占的权重进行购买，所以该基金的管理难度较低。

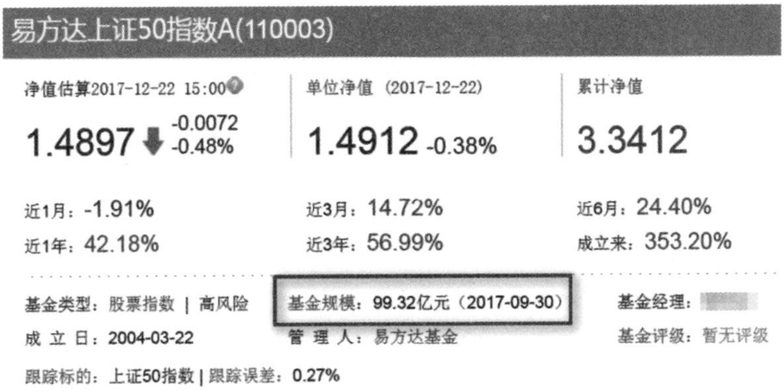

图 5-16　易方达上证 50 指数 A（110003）的基本概况（数据来自天天基金网）

由图 5-16 可知，该基金的规模为 99.32 亿元，为了计算的方便，在这里把它近似于 100 亿元，那么在实际的投资过程中，该基金经理在不同股票上购买的金额到底是多少呢？图 5-17 所示为上证 50 指数中权重最大的 10 只股票，其中最大的前五家分别是中国平安、贵州茅台、招商银行、兴业银行和伊利股份，其权重分别为 16.05%、6.87%、6.05%、4.25%、4.03%。所以根据这五只股票所占的权重，其投资购买的金额分别是：

中国平安：100×16.05%=16.05 亿元；

贵州茅台：100×6.87%=6.87 亿元；

招商银行：100×6.05%=6.05 亿元；

兴业银行：100×4.25%=4.25 亿元；

伊利股份：100×4.03%=4.03 亿元。

购买其他的 45 只股票的金额以此类推。

十大权重股

代码	简称	行业	权重
601318	中国平安	金融地产	16.05
600519	贵州茅台	主要消费	6.87
600036	招商银行	金融地产	6.05
601166	兴业银行	金融地产	4.25
600887	伊利股份	主要消费	4.03
600016	民生银行	金融地产	4.01
601328	交通银行	金融地产	3.41
600000	浦发银行	金融地产	2.97
600030	中信证券	金融地产	2.87
601288	农业银行	金融地产	2.81

图 5-17　上证 50 指数权重最大的 10 只股票

5.6.2　指数型基金的特点

1.产品丰富

指数型基金的产品十分丰富，市面上对应一只热门指数的基金也比较多。例如，对于沪深 300 指数，每家基金公司都有一只或多只基金用来追踪沪深 300 这个指数，博时基金公司的博时沪深 300 指数 A（050002），嘉实基金公司的嘉实沪深 300 指数 ETF 联接 A（160706），易方达基金公司的易方达沪深 300 ETF 联接（110020），都是对这个指数的追踪。实际上，投资者如果通过网上查询，就可以知道追踪沪深 300 指数的基金将近 100 只，产品种类繁多，投资者可以根据自身情况进行选择。

2.难度低

投资指数型基金的难度不大，非常适合刚入门的投资者，尤其是那些基金投资经验不足的投资者。

3.与指数同步

选择指数型基金进行定投，一般可以获得和大盘同步的平均收益。指数型基金投资的是某一热门指数的成分股，有时甚至是完全复制相关指数的成分股。在不同的行情中，相关指数有涨跌起伏，相关指数基金的单位净值也会随着该指数的涨跌起伏而发生变化。同时，每当相关指数的成分股种类和权重发生变化时，相应指数基金投资的股票也有可能发生变化，定期更新。

4. 成本低

因为指数型基金采取的是跟踪指数的投资策略，并且买入后长期持有，所以股票交易的手续费支出较少，同时基金管理人不需要花大量的时间和精力来选择投资工具的种类和买入与卖出的时机，这样基金的管理费用也相对较低。

5. 业绩透明度高、资产流动性大

投资者投资的指数型基金是以某指数为标的进行投资的，所以该基金的收益与该指数的收益几乎同步。如沪深300指数涨了，就会知道相对应的指数型基金的净值大约能升多少；如果基准指数下跌了，也能大致推算出损失多少。除此之外，由于指数型基金持股分散，所以其抛售股票时对股票价格的影响就小，甚至基本没有影响，所以资产流动性比集中持股的基金要好。

5.7 筛选优质指数基金的指标

5.7.1 剔除小规模基金公司的产品

在第1章的内容中已经提到投资者在选择基金公司时应尽量选择那些大型基金公司的产品，因为大的基金公司的产品的丰富程度、投资的稳定性都相对好过小基金公司。在挑选指数型基金时也是如此，主要挑选方法如下。

（1）投资者可以借助网上的查询渠道，例如天天基金网等独立销售平台的官网，进行基金公司规模排名的查询，在这些排名中可得知各大基金公司的规模大小，具体操作方法是（以天天基金网为例）：打开天天基金网官网首页，单击"基金公司"选项，即可看到按照基金公司全部管理规模进行的排名。

（2）可以参照基金公司成立时间、总资产管理规模和股票型基金的管理规模三个维度进行综合考虑。

5.7.2 剔除资产规模较小的基金

在对同一指数进行追踪的基金产品中，各个基金的规模不一样，通过查询可知以上证50指数为标的的指数型基金中，有的基金规模很大，图5-16所示

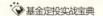

的易方达上证 50 指数 A（110003）的基金规模是 99.32 亿元（截至 2017 年 9 月 30 日）。有的规模很小，如图 5-18 所示，博时上证 50ETF 联接（001237）的基金规模只有 8 200 万元（截至 2017 年 9 月 30 日）。对指数型基金而言，其规模越大越好。一方面因为《证券投资基金法》规定一只基金的规模如果小于 5 000 万元是会被终止和清算的，这里博时上证 50ETF 联接 A（001237）这只基金已经非常逼近 5 000 万元这一基金规模的底线，所以风险较大；另一方面因为指数基金的规模越大，其投资指数的规模误差就越小。

博时上证50ETF联接 A (001237)		
净值估算2017-12-22 15:00	单位净值（2017-12-22）	累计净值
0.9988 ↓ -0.0048 -0.48%	0.9988 -0.48%	0.9988
近1月：-4.07%	近3月：7.82%	近6月：17.15%
近1年：28.28%	近3年：—	成立来：-0.12%
基金类型：联接基金 | 高风险	基金规模：0.82亿元（2017-09-30）	基金经理：
成 立 日：2015-05-27	管理人：博时基金	基金评级：暂无评级
跟踪标的：上证50指数	跟踪误差：0.06%	

图 5-18　博时上证 50ETF 联接 A（001237）的基本概况（数据来自天天基金网）

5.7.3　剔除新成立的基金

一般来说，不管是主动型还是被动型基金，都应当选择那些成立时间长、历史业绩好、规模收益佳的产品，尽量避免选择那些成立时间短的基金。因为只有成立的时间够长，一只基金才能经历不同的市场行情和阶段，才能提供其在牛市、熊市、震荡市中的表现，从而让投资者考察到更多的数据。

5.7.4　剔除追踪误差大的基金

指数型基金作为一种被动型投资工具，主要是对所选取指数的追踪。与超越其业绩比较基准的主动型基金相比，指数型基金的目的是减少对指数的跟踪误差。所谓跟踪误差，就是指数基金表现与所跟踪指数表现之间的距离。该指标是反映指数基金经理管理能力的重要指标。图 5-18 所示的博时上证 50ETF 联接 A（001237）的跟踪误差为 0.06%，即表明如果在某月交易日中该指数月末相比月初变化了 20 个点，则表示该基金的跟踪误差应该是在 ±20×0.06% 点之间。

另外，跟踪误差的大小也反映了基金跟踪效率的高低，经验丰富和技术过硬的管理团队的跟踪误差自然较小，这也是投资者在投资过程中需要考虑的重要因素。

▦【知识链接】跟踪误差的来源

一般来说，跟踪误差的来源如下。

（1）现金留存：开放式指数型基金必须要留存一定比例的现金以备基民赎回之需。

（2）复制误差：指数型基金无法完全复制标的指数的配置结构将带来结构性偏离。

（3）股利分配：ETF 与基准指数在成分股的股利分配数量和登记分配时间上存在差别。

（4）估值效应：不同的估值模型对基准指数中交易不活跃的成分股估值有差别，从而导致跟踪误差。

（5）管理费及其他各项费用：各类费用越高，跟踪误差也就越大。

5.7.5　剔除历史业绩相对较差的基金

以追踪指数为目的的指数型基金，由于几乎完全是复制某个指数的成分股进行投资，所以各只基金之间的差别往往不太大，这时历史业绩就显得十分重要。投资者可以到天天基金网上查询追踪相同指数的指数型基金的业绩排名情况，根据该基金的阶段涨幅和追踪指数涨幅之间的差别大小以及该指数型基金在同类基金中的排名，剔除掉那些历史业绩相对较差的基金，再在剩下的基金中进行选择。

5.7.6　剔除场内交易基金

投资者在做基金定投时要避免投资场内基金，而应当选择场外基金进行投资，原因是：场内基金的交易品种少，产品类型不够丰富；场外基金可以设置定时的自动扣款，免去投资者每次都要手动操作的麻烦。

5.7.7　优先选择效果好的指数增强型基金

指数增强型基金并非纯指数基金，它是根据"被动投资为主、主动投资为辅"的策略，通过基金经理的主动管理，以达到超越标的指数回报的基金。此类基金在指数化的投资过程中加入了增强型的积极投资手段，通过对投资组合进行适当调整（如对成分股进行一定程度的增、减持，或增持成分股以外的个股），在控制风险的同时获取积极的市场收益。例如，某只增强型的沪深 300 指数基金，在对 300 只成分股票进行购买时，会由完全复制购买的策略改为购买其中被该基金经理认为表现较好的股票，剔除另外一小部分表现不尽如人意的股票，并将剩余的基金份额投资到其他股票上，以获取更大的收益。图 5-19 所示的景顺长城沪深 300 增强（000311）就是华安基金公司推出的一只典型的指数增强型基金，它的追踪指数是沪深 300 指数。

景顺长城沪深300增强(000311)

净值估算2018-09-26 15:00	单位净值 (2018-09-26)	累计净值
1.8392 ⬆ +0.0192 +1.05%	**1.8430** 1.26%	**2.1830**

近1月: 1.60%	近3月: -3.00%	近6月: -9.48%
近1年: -6.54%	近3年: 42.45%	成立来: 116.81%

基金类型: 股票指数 高风险	基金规模: 74.16亿元 (2018-06-30)	基金经理: ▉
成 立 日: 2013-10-29	管 理 人: 景顺长城基金	基金评级: 暂无评级
跟踪标的: 沪深300指数	跟踪误差: 0.23%	

图 5-19　景顺长城沪深 300 增强（000311）的基本概况（数据来自天天基金网）

相比于传统的指数型基金按照某种指数构成的成分股和权重完全复制购买相应股票的方法，该类基金在管理和投资上更为灵活，但是在获取更多潜在收益的同时也会承担更多的风险，其跟踪误差也会相应增大。下面以华夏沪深 300ETF 联接 A（000051）和景顺长城沪深 300 增强（000311）为例，说明指数增强型基金和普通指数基金有什么不同。

⑪【**案例分析**】普通指数基金和指数增强型基金

图 5-20 所示的是华夏沪深 300ETF 联接 A（000051）的四分位排名图，由图中的数据可知，该基金近三年、近两年、近一年的收益分别是 28.24%、9.36%、22.36%，同期沪深 300 指数的涨幅分别是 19.45%、4.59% 和 21.55%，很明显该基金的收益虽然在近一年和两年中跑赢了沪深 300 这个跟踪标的，但是并没有超出太多。

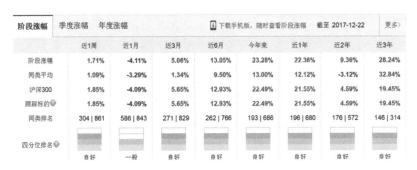

图 5-20　华夏沪深 300ETF 联接 A（000051）的四分位排名图

　　图 5-21 所示的是景顺长城沪深 300 增强（000311）的四分位排名图，由该图中的数据可知，该只基金近三年、近两年、近一年的收益分别是 64.51%、28.06%、32.93%，同期沪深 300 的涨幅分别是 19.45%、4.59% 和 21.55%，由此可见，无论哪个时期，该指数增强型基金的收益都大于同期跟踪的指数标的。这是因为该只基金的基金经理不仅投资了沪深 300 的成分股，还根据市场行情的变化适时调整策略、主动出击，从而使得每个时期都取得了比较理想的收益。

阶段涨幅	季度涨幅	年度涨幅		📱下载手机版，随时查看阶段涨幅		截至 2017-12-22		更多〉
	近1周	近1月	近3月	近6月	今年来	近1年	近2年	近3年
阶段涨幅	2.23%	-3.12%	6.83%	16.86%	33.57%	32.93%	28.06%	64.51%
同类平均	1.09%	-3.29%	1.34%	9.50%	13.00%	12.12%	-3.12%	32.84%
沪深300	1.85%	-4.09%	5.65%	12.93%	22.49%	21.55%	4.59%	19.45%
跟踪标的❷	1.85%	-4.09%	5.65%	12.93%	22.49%	21.55%	4.59%	19.45%
同类排名	153 | 861	364 | 843	167 | 829	117 | 766	59 | 686	60 | 680	47 | 572	30 | 314
四分位排名❷	优秀	良好	优秀	优秀	优秀	优秀	优秀	优秀

图 5-21　景顺长城沪深 300 增强（000311）的四分位排名图

　　当然，并不是所有的指数型基金都能取得比市场平均更好的业绩。因此，投资者在投资时一定要注意"优秀"两个字，挑选的要是"优秀"的指数增强型基金。

5.8　优秀的指数基金

5.8.1　与上证 50 指数 A 对应的优质基金

1. 易方达上证 50 指数 A（110003）

易方达上证 50 指数 A（110003）发行于 2004 年 2 月 18 日，资产规模高达

107.35 亿元（截至 2018 年 6 月 30 日）。该基金的管理人是易方达基金，管理费率为 1.2%，托管费率为 0.2%，最高申购费率为 1.5%，最高赎回费率为 1.5%。该基金的跟踪标的和业绩比较基准都是上证 50 指数。

图 5-22 所示为易方达上证 50 指数 A 的基本概况。

图 5-22　易方达上证 50 指数 A 的基本概况

2. 华夏上证 50 ETF 联接 A（001051）

华夏上证 50ETF 联接 A 发行于 2015 年 2 月，截至 2018 年 6 月 30 日，其资产规模为 7.83 亿元，共计 6.2564 亿份，管理费率为 0.5%，托管费率为 0.1%，最高申购费率为 0.12%，最高赎回费率为 1.5%。该基金的跟踪标的为上证 50 指数，业绩比较基准为上证 50 指数收益率 ×95% ＋人民币活期存款税后利率 ×5%。

图 5-23 所示为华夏上证 50 ETF 联接 A 的基本概况。

净值估算 2018-08-07 09:42　　　单位净值（2018-08-06）　　　累计净值

0.8385 ↑ +0.0085 +1.03%　　　0.8300 -0.36%　　　0.8300

近1月：0.97%　　　近3月：-6.85%　　　近6月：-20.50%
近1年：-6.00%　　　近3年：2.09%　　　成立来：-17.00%

基金类型：联接基金 | 高风险　　　基金规模：7.83亿元（2018-06-30）　　　基金经理：
成 立 日：2015-03-17　　　管 理 人：华夏基金　　　基金评级：暂无评级
跟踪标的：上证50指数 | 跟踪误差：0.09%

图 5-23　华夏上证 50 ETF 联接 A 的基本概况

5.8.2　与沪深 300 对应的优质基金

1. 景顺长城沪深 300 增强（000311）

景顺长城沪深 300 增强发行于 2013 年 9 月，截至 2018 年 6 月 30 日，其资产规模高达 74.16 亿元，份额规模为 39.3772 亿份，管理费率为 1.0%，托管费率为 0.2%，最高申购费率为 0.12%，最高赎回费率为 1.5%。该基金的跟踪标的为沪深 300 指数，业绩比较基准为沪深 300 指数收益率 ×95% ＋ 1.5%。

图 5-24 所示为景顺长城沪深 300 增强的基本概况。

净值估算 2018-08-07 09:52

1.8006 ↑ +0.0126 +0.71%

单位净值（2018-08-06）

1.7880 -1.38%

累计净值

2.1280

| 近1月：-1.27% | 近3月：-10.06% | 近6月：-18.84% |
| 近1年：-7.30% | 近3年：16.34% | 成立来：110.34% |

基金类型：股票指数 | 高风险　　基金规模：74.16亿元（2018-06-30）　　基金经理：

成 立 日：2013-10-29　　管 理 人：景顺长城基金　　基金评级：暂无评级

跟踪标的：沪深300指数 | 跟踪误差：0.24%

图 5-24　景顺长城沪深 300 增强的基本概况

2. 易方达沪深 300 量化增强（110030）

易方达沪深 300 量化增强发行于 2012 年 6 月，截至 2018 年 6 月 30 日，其资产规模达 9.89 亿元，份额规模为 4.6267 亿份，管理费率为 0.8%，托管费率为 0.15%，最高申购费率为 0.15%，最高赎回费率为 1.5%。该基金的跟踪标的为沪深 300 指数，业绩比较基准为沪深 300 指数收益率 ×95% ＋活期存款利率（税后）×5%。

图 5-25 所示为易方达沪深 300 量化增强基金的基本概况。

净值估算 2018-08-07 10:03

2.0446 ↑ +0.0092 +0.45%

单位净值（2018-08-06）

2.0354 -0.97%

累计净值

2.0354

| 近1月：-1.10% | 近3月：-9.28% | 近6月：-18.12% |
| 近1年：-8.15% | 近3年：8.73% | 成立来：103.54% |

基金类型：股票指数 | 高风险　　基金规模：9.89亿元（2018-06-30）　　基金经理：

成 立 日：2012-07-05　　管 理 人：易方达基金　　基金评级：暂无评级

跟踪标的：沪深300指数 | 跟踪误差：0.23%

图 5-25　易方达沪深 300 量化增强的基本概况

5.8.3　与中证 500 对应的优质基金

1. 南方中证 500 ETF 联接 A（160119）

南方中证 500ETF 联接 A 发行于 2009 年 8 月，截至 2018 年 6 月 30 日，其资产规模为 49.65 亿元，基金份额为 38.0471 亿份，管理费率为 0.5%，托管费率为 0.1%，

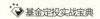

最高申购费率为0.12%，最高赎回费率为1.5%。该基金的跟踪标的为中证500指数，业绩比较基准为中证500指数收益率×95%＋银行活期存款税后利率×5%。

图5-26所示为南方中证500ETF联接A的基本概况。

净值估算2018-08-07 10:24 　　　单位净值（2018-08-06）　　　累计净值

1.2092 ↓ -0.0051 -0.42%　　　**1.2143** -2.03%　　　**1.3143**

近1月：-3.17%　　　近3月：-16.79%　　　近6月：-14.05%
近1年：-20.82%　　　近3年：-32.87%　　　成立来：32.63%

基金类型： 联接基金 | 高风险　　**基金规模：** 49.65亿元（2018-06-30）　　**基金经理：**
成 立 日： 2009-09-25　　**管 理 人：** 南方基金　　**基金评级：** 暂无评级
跟踪标的： 中证500指数 | **跟踪误差：** 0.07%

图 5-26　南方中证 500ETF 联接 A 的基本概况

2. 广发中证 500 ETF 联接 A（162711）

广发中证500 ETF联接A发行于2009年10月，截至2018年6月30日，其资产规模为10.62亿元，基金份额为9.4013亿份。该基金每年的管理费率为0.5%，托管费率为0.1%，最高申购费率为0.12%，最高赎回费率为1.5%。该基金的跟踪标的为中证500指数，业绩比较基准为中证500指数收益率×95%＋银行同业存款收益率×5%。

图5-27所示为广发中证500 ETF联接A的基本概况。

净值估算2018-08-07 10:35 　　　单位净值（2018-08-06）　　　累计净值

1.0510 ↑ +0.0015 +0.14%　　　**1.0495** -2.06%　　　**1.0495**

近1月：-3.41%　　　近3月：-16.39%　　　近6月：-13.81%
近1年：-20.48%　　　近3年：-35.06%　　　成立来：4.95%

基金类型： 联接基金 | 高风险　　**基金规模：** 10.62亿元（2018-06-30）　　**基金经理：**
成 立 日： 2009-11-26　　**管 理 人：** 广发基金　　**基金评级：** 暂无评级
跟踪标的： 中证500指数 | **跟踪误差：** 0.10%

图 5-27　广发中证 500 ETF 联接 A 的基本概况

5.8.4　与红利指数对应的优质基金

以基金富国中证红利指数增强（100032）为例。

该红利指数增强基金发行于 2008 年 11 月，截至 2018 年 6 月 30 日，其资产总规模为 22.16 亿元，基金总份额为 21.0923 亿份，每年的管理费率和托管费率分别为 1.2%、0.2%，最高申购费率与最高赎回费率分别为 0.15%、1.5%。该基金的跟踪标的为中证红利指数，业绩比较基准为中证红利指数收益率 ×90% ＋一年期银行储蓄税后存款利率 ×10%。

图 5-28 所示为富国中证红利指数增强的基本概况。

净值估算2018-08-07 10:54	单位净值 (2018-08-06)	累计净值
1.0171 ▲ +0.0091 +0.91%	1.0080 -1.08%	2.5920
近1月：-0.40%	近3月：-8.61%	近6月：-15.72%
近1年：-6.96%	近3年：5.30%	成立来：172.17%
基金类型：股票指数 | 高风险	基金规模：22.16亿元（2018-06-30）	基金经理：
成 立 日：2008-11-20	管 理 人：富国基金	基金评级：暂无评级
跟踪标的：中证红利指数 | 跟踪误差：0.13%		

图 5-28 富国中证红利指数增强的基本概况

5.8.5 优质的境外指数基金

1. 华夏沪港通恒生 ETF 联接 A（000948）

华夏沪港通恒生 ETF 联接 A 发行于 2014 年 12 月，截至 2018 年 6 月 30 日，其资产总规模为 13.23 亿元，总份额为 10.6219 亿份，每年的管理费率和托管费率分别为 0.5%、0.1%，最高申购费率与赎回费率分别为 0.12%、1.5%。

该基金的跟踪标的为香港恒生指数，业绩比较基准为经估值汇率调整的标的指数收益率 ×95% ＋人民币活期存款税后利率 ×5%。图 5-29 所示为华夏沪港通恒生 ETF 联接 A 的基本概况。

净值估算2018-08-07 11:20	单位净值 (2018-08-06)	累计净值
1.2461 0.0000 0.00%	1.2461 0.75%	1.2461
近1月：1.71%	近3月：1.39%	近6月：-0.46%
近1年：4.15%	近3年：29.40%	成立来：24.61%
基金类型：QDII指数 | 高风险	基金规模：13.23亿元（2018-06-30）	基金经理：
成 立 日：2015-01-13	管 理 人：华夏基金	基金评级：暂无评级
跟踪标的：香港恒生指数 | 跟踪误差：0.26%		

图 5-29 华夏沪港通恒生 ETF 联接 A 的基本概况

2. 博时标普 500 ETF 联接 A（050025）

博时标普 500 ETF 联接 A 发行于 2012 年 5 月，截至 2018 年 6 月 30 日，其资产总规模为 3.71 亿元，基金总份额为 1.8226 亿份，每年的管理费率和托管费率分别为 0.6%、0.25%，最高申购费率与赎回费率分别为 0.12%、1.5%。该基金的跟踪标的为标准普尔 500 指数，业绩比较基准为经人民币汇率调整的标的指数收益率 ×95% ＋人民币活期存款税后利率 ×5%。

图 5-30 所示为博时标普 500 ETF 联接 A 的基本概况。

净值估算 2018-08-07 04:00 ⬤	单位净值（2018-08-03）	累计净值
2.1849 0.0001 0.00%	**2.1848** 0.98%	**2.2438**
近1月: 7.05%	近3月: 14.65%	近6月: 10.98%
近1年: 15.90%	近3年: 49.31%	成立来: 129.38%
基金类型: QDII-指数 | 高风险	基金规模: 3.71亿元（2018-06-30）	基金经理:
成立日: 2012-06-14	管理人: 博时基金	基金评级: 暂无评级
跟踪标的: 标准普尔500指数 | 跟踪误差: 0.22%		

图 5-30　博时标普 500 ETF 联接 A 的基本概况

■■■【知识链接】标普 500 指数

纳斯达克 100 指数作为纳斯达克的主要指数，其 100 只成分股均具有高科技、高成长和非金融的特点，可以说是美国科技股的代表。值得一提的是，在纳斯达克 100 指数的成分股中，高成长性股票的良好业绩，都是源于各自内生性的高成长因素，特别是创新业务，而不是源于外延式的增长因素（如资产注入）。

从纳斯达克 100 指数十大权重成分股来看，它们主要为高科技企业，其中计算机行业的公司居多，权重最大的为苹果电脑（Apple），另外包括微软（Microsoft）、谷歌（Google）、思科（Cisco）、英特尔（Intel）等诸多知名公司。

3. 国泰纳斯达克 100 指数（160213）

国泰纳斯达克 100 指数发行于 2010 年 3 月，截至 2018 年 6 月 30 日，其资产总规模为 5 054 亿元，基金总份额为 1.7562 亿份，每年的管理费率和托管费率分别为 0.8%、0.25%，最高申购费率与赎回费率分别为 0.15%、1.5%。该基金的业绩比较基准为纳斯达克 100 指数的收益率。

图 5-31 所示为国泰纳斯达克 100 指数的基本概况。

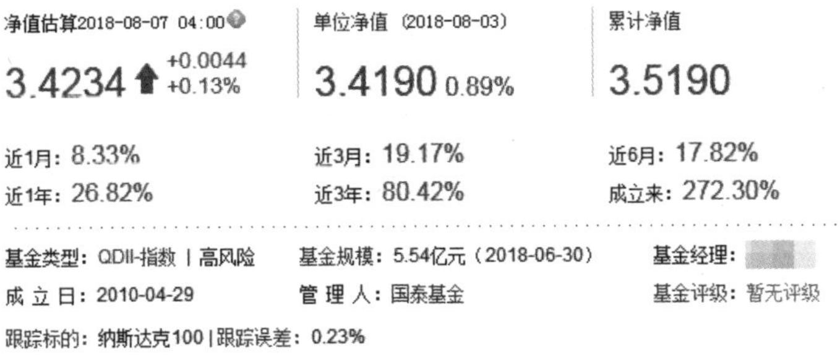

净值估算2018-08-07 04:00 ● | 单位净值 (2018-08-03) | 累计净值

3.4234 ↑ +0.0044 +0.13% | **3.4190** 0.89% | **3.5190**

| 近1月: 8.33% | 近3月: 19.17% | 近6月: 17.82% |
| 近1年: 26.82% | 近3年: 80.42% | 成立来: 272.30% |

基金类型: QDII-指数 | 高风险	基金规模: 5.54亿元 (2018-06-30)	基金经理: ▇▇▇
成 立 日: 2010-04-29	管 理 人: 国泰基金	基金评级: 暂无评级
跟踪标的: 纳斯达克100 | 跟踪误差: 0.23%		

图 5-31　国泰纳斯达克 100 指数的基本概况

▦▌【知识链接】纳斯达克市场与指数

　　纳斯达克市场主要涵盖与高新技术相关的行业如软件、计算机、电信、生物技术等。诸如微软、英特尔等大量明星企业都在纳斯达克上市，因此该市场已成为美国"新经济"的代名词。

　　纳斯达克指数是集中反映美国纳斯达克证券市场行情变化的股价平均指数，其基本指数为 100，由于该指数涵盖的公司总数超过 5 000 家，所以与美国标准普尔指数、道琼斯工业指数相比，该指数更具综合性。

第6章

市盈率策略定投法

通过前面几章的学习，投资者已经了解了什么是基金定投，为什么要定投及什么样的基金适合定投。为了帮助投资者获得更高的投资收益，本章重点阐述指数型基金的典型定投策略——市盈率策略定投法。

6.1 市盈率策略定投法概述

6.1.1 传统基金定投与单笔投资

基金定投与单笔投资相比，同样的投资总额获取的基金份额可能会存在较大差异。为什么会出现这种状况呢？主要原因在于基金净值不是固定不变的，而是不断发生变化的。图 6-1 所示为某基金 2017 年 1 月 8 日至 5 月 8 日的净值变化图。

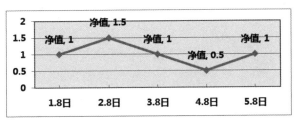

图 6-1 某基金净值变化图

⊕【案例分析】基金定投与单笔投资的对比

①单笔投资：假定王先生的总投资金额为 7 500 元，如果是单笔投资，即 2017 年 1 月 8 日一次性买入基金，他将获取的基金份额是多少（1 月 8 日的基金净值为 1）？

王先生的基金份额＝ 7 500÷1 ＝ 7500 份

②基金定投：王先生的投资总额还是 7 500 元。如果采用基金定投的方式，即分别在 1 月 8 日、2 月 8 日、3 月 8 日、4 月 8 日、5 月 8 日分别买入 1 500 元，他将获取的基金份额又是多少？

1 月 8 日：基金份额＝ 1 500÷1 ＝ 1 500 份

2 月 8 日：基金份额＝ 1 500÷1.5 ＝ 1 000 份

3 月 8 日：基金份额＝ 1 500÷1 ＝ 1 500 份

4 月 8 日：基金份额＝ 1 500÷0.5 ＝ 3 000 份

5 月 8 日：基金份额＝ 1 500÷1 ＝ 1 500 份

王先生的基金份额合计＝ 1 500 ＋ 1 000 ＋ 1 500 ＋ 3 000 ＋ 1 500 ＝ 8 500 份

由此可见，通过分批买入的方式，可以有效地分摊基金的购买成本，增加投资者持有的基金份额。

6.1.2　市盈率策略定投法与传统定投法

所谓传统定投法主要是指在固定的时间用固定的金额申购基金。比如，基金公司每月 8 日从投资者银行卡上扣款用于投资基金的方式即为传统定投法。

如果基金投资者可以根据目标指数市盈率的变化，适时调整扣款金额或者频次，在大盘指数行情比较低落时多扣款，在行情处于高峰期时少扣款甚至不扣款，便可以有效摊薄基金的持有成本，扩大基金总份额。

图 6-2 所示为上证 50 加权平均市盈率的走势图。

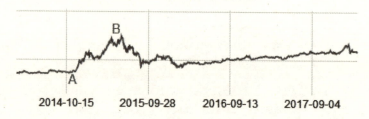

图 6-2　上证 50 加权平均市盈率历史走势图

由图 6-2 可知，A 点的加权平均市盈率处于低位，B 点的加权平均市盈率处于阶段性高位。根据市盈率策略定投法的基本原理，我们应该在 A 点附近加大定投的额度，而在 B 点采取减少定投金额或者赎回投资的策略。

【案例分析】市盈率策略基金定投法

下面用具体的数据来阐述市盈率策略基金定投法。

王先生每月 8 日的扣款金额会随着基金净值的变化进行适时调整：净值越大，扣款额度越低；净值越小，扣款额度越高。主要分为三种情形：如果基金净值为 1 元 / 份，扣款额度则设定为 1 500 元；如果基金净值上升至 1.5 元 / 份，扣款额度将下降至 1 000 元；如果基金净值下降至 0.5 元 / 份，扣款额度将增加至 2 000 元。那么王先生的总基金份额会是多少？

1 月 8 日：基金份额＝ 1 500 ÷ 1 ＝ 1 500 份

2 月 8 日：基金份额＝ 1 000 ÷ 1.5 ＝ 666.6 份

3 月 8 日：基金份额＝ 1 500 ÷ 1 ＝ 1 500 份

4 月 8 日：基金份额＝ 2 000 ÷ 0.5 ＝ 4 000 份

5 月 8 日：基金份额＝ 1 500 ÷ 1 ＝ 1 500 份

王先生总的基金份额＝ 1 500 ＋ 666.7 ＋ 1 500 ＋ 4 000 ＋ 1 500 ＝ 9 166.7 份

同样是 7500 元的定投总额，通过市盈率策略定投法可以获取的基金份额高于传统定投法。由此可见，市盈率策略定投法可以在传统定投的基础上进一步摊薄成本、扩大基金份额。这便是市盈率策略定投法的优势所在。

上述案例中，基金净值的上升、下降与基金股票组合的加权平均市盈率有明显的正向关系，即基金净值越高，基金中的股票组合的加权平均市盈率越高，此时扣款额度就会下降；反之，基金净值越低，基金中股票组合的加权平均市盈率就越低，此时的扣款额度就会上升。最终的效果便是：基金定投的成本逐渐被摊薄，基金份额不断扩大。

【知识链接】市盈率

市盈率是对上市公司进行估值的最常用指标之一，是每股市价与每股收益的比值。

市盈率＝每股市价 ÷ 每股收益＝股票总市值 ÷ 净利润

通常市盈率越高，则表明股价越贵，股票的潜在回报率越低；反之，市盈率越低，则表明股价越便宜，股票的潜在回报越高。

6.2 指数型基金市盈率策略定投实战

6.2.1 指数型基金的估值思路（以市盈率为例）

指数型基金都是由若干成分股构成的。每一只成分股都有估值指标，比如市盈率。对指数型基金所有成分股的估值进行加权平均，即可获得整个指数基金的估值水平。

【知识链接】平均值的计算

（1）算术平均值

算术平均值是最基本、最常用的一种平均指标。

如果各项数据的权数相等，即可采用算术平均的方法计算，其计算公式如下。

算术平均数＝$(X_1 + X_2 + X_3 + \cdots + X_n) \div n$

比如，小王 2012 年～2017 年的年薪分别为 35 000 元、36 000 元、37 000 元、38 000 元、39 000 元，那么小王这五年的平均年薪为 37 000[（35 000 ＋ 36 000 ＋ 37 000 ＋ 38 000 ＋ 39 000）÷5] 元。

（2）加权平均值

在实践中，不同数据之间所占的权重并不相同，如果要计算不同权重的数据的平均值，则应采用加权平均的方法，相关计算公式如下：

加权平均数 $= X_1K_1 + X_2K_2 + X_3K_3 + \cdots + X_nK_n$

其中，X_n 表示不同的数据；K_n 表示数据的权重。

比如，某公司 2017 年共生产了 A、B 两种产品，其中 A 产品的单价为 20 元，共生产 10 000 件，B 产品的单价为 40 元，共生产 30 000 件，那么 A、B 两种产品的平均单价是多少？

由于 A、B 两种产品所占权重不同，因此不能采用简单的算术平均法来计算，只能采用加权平均法。

A、B 产品单价的加权平均值 $= 20 \times [10\ 000 \div （10\ 000 + 30\ 000）] + 40 \times [30\ 000 \div (10\ 000 + 30\ 000)] = 35$ 元。

以上证 50 指数为例，它是由上海证券交易所上市的规模最大且流动性好的 50 只最具代表性的成分股构成，能在很大程度上综合反映上交所大盘蓝筹企业的整体状况。

下表列示了上证 50 指数权重最大的 10 只个股的具体情况。（截至 2018 年 3 月 20 日）

股票代码	股票名称	市盈率（动态）	权重
601318	中国平安	15.25	15.35%
600519	贵州茅台	35.06	7.47%
600036	招商银行	9.95	6.24%
601166	兴业银行	5.77	4.37%
600016	民生银行	5.64	3.95%
600887	伊利股份	28.50	3.78%
601328	交通银行	6.53	3.52%
601288	农业银行	6.21	3.13%
600000	浦发银行	6.46	2.90%
600030	中信证券	21.19	2.90%

上证 50 指数包含了 50 只成分股，每只成分股所占权重并不一致，在得知每

只成分股的市盈率及其所占权重的基础上，通过采用加权平均法即可算出上证
50 指数的加权平均市盈率。经计算，2018 年 3 月 20 日上证 50 指数的加权平均
市盈率为 11.92。

6.2.2　指数型基金市盈率策略定投的操作方法

以上证 50 指数为例。从历史走势来看，上证 50 指数的加权平均市盈率在大
多数时间都处于较低水平，除非出现超级牛市。图 6-3 所示为上证 50 指数 2008
年 4 月 ~ 2018 年 3 月的加权平均市盈率走势图。

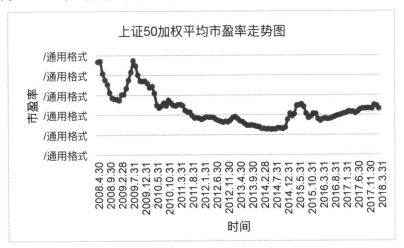

图 6-3　上证 50 指数 2008 年 4 月 ~ 2018 年 3 月的加权平均市盈率走势图

根据该指数的历史表现情况，可以将上证 50 指数加权平均市盈率划分为三
大区间。

（1）如果 12 <上证 50 指数的市盈率< 18，则认为市盈率水平合理。

在图 6-3 中，2008 年 8 月 ~ 2009 年 4 月、2010 年 2 月 ~ 2010 年 5 月、2010
年 7 月 ~ 2011 年 4 月、2015 年 4 月 ~ 2015 年 7 月这几个时间段中的市盈率满足
上述条件。

（2）如果上证 50 指数的市盈率> 18，则被认为市盈率水平偏高。

在图 6-3 中，上证 50 指数的加权平均市盈率大于 18 的时间段主要集中在
2010 年 1 月之前。

（3）如果上证 50 指数的市盈率< 12，则被认为市盈率水平偏低。

在图 6-3 中，2011 年 5 月 ~ 2015 年 3 月、2015 年 8 月 ~ 2017 年 12 月这几

个时间段中的市盈率满足上述条件。

指数型基金市盈率策略定投的操作方法有如下几种。

1. 常规操作法

常规操作法的基本策略如下：

（1）如果 12 < 上证 50 指数的市盈率 < 18，保持正常定投节奏；

（2）如果上证 50 指数的市盈率 < 12，适当增加定投金额；

（3）如果上证 50 指数的市盈率 > 18，减少扣款金额。

常规操作法的原理简单且易于接受，比较省心且收益比较均衡，适合中期定投。

2. 极端操作法

极端操作法的基本策略如下：

（1）如果 12 < 上证 50 指数的市盈率 < 18，暂停扣款，继续持有；

（2）如果上证 50 指数的市盈率 < 12，正常扣款；

（3）如果上证 50 指数的市盈率 > 18，分批赎回。

极端操作法既耗精力又耗时间，频繁地申购、赎回会导致交易费用大增，适合短期定投。

3. 推荐操作法

推荐操作法的基本策略如下：

（1）如果 12 < 上证 50 指数的市盈率 < 18，正常定投或者增加定投金额；

（2）如果上证 50 指数的市盈率 < 12，增加扣款或大额加码；

（3）如果上证 50 指数的市盈率 > 18，前期保持正常，后期适当扣减。

秉持推荐操作法的投资者不用过于担心定投标的波动，适合长期定投。

6.2.3　市盈率估值策略定投法的局限性

大盘指数成分股的规模越类似、数量越少，相应的行业数量越少，其市盈率的估值就越准确。图 6-4 所示为上证 50 指数和中证 800 指数的成分股的行业分布图。

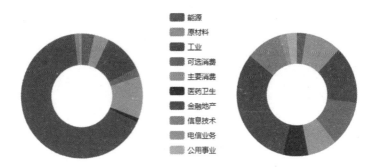

图6-4　上证50指数（左图）与中证800指数（右图）成分股的行业分布图

由图6-4可知，上证50指数不仅成分股的数量更少，更重要的是其成分股所属行业的多样性程度与中证800指数相比要低得多，因此其整体估值的准确性也要高一些。换而言之，如果使用市盈率估值策略定投法选择指数基金定投的标的，上证50指数无疑比中证800指数要好。

总体而言，市盈率估值策略定投法更适用于大盘指数、蓝筹股指数及成分股较少的指数，比如上证50指数基金。

第 7 章

挑选适合定投的优质主动型基金

　　投资者在开始基金定投操作之前一般都会制订一份定投计划，而定投计划的制订需要建立在挑选出优质基金的基础上。本章聚焦如何挑选适合定投的优质主动型基金这一主题。

7.1　挑选基金产品的六大原则

毋庸置疑，与债券型基金、货币型基金相比，股票型基金更适合基金定投。但是，投资者只知道选择股票型基金还不够，接下来介绍挑选基金定投产品的几个主要原则。

7.1.1　全行业

（1）全行业基金与单一行业或单一主题基金

所谓"全行业"是指某只基金所包含股票的行业广泛、产业分散，它是与单一行业或单一主题基金相对的一个概念，后者专注于投资某一个特定行业或特定主题。

⊕【案例解析】单一行业或单一主题基金

目前市面上聚焦单一行业的基金产品种类不少，比如招商中证白酒指数分级（161725）、鹏华钢铁分级（502023）、中邮医药健康混合（003284）、华安国企改革主体灵活配置混合（001445）。

以招商中证白酒指数分级（161725）为例，它是以中证白酒指数为标的，采用完全复制法，按照标的指数成分股组成及其权重构建投资组合，采用被动式的指数化投资策略。图 7-1 所示为该指数型基金占比排名前 10 的持仓明细。

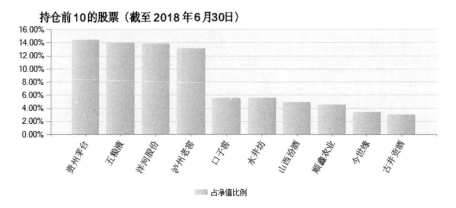

图 7-1　招商中证白酒指数分级占比排名前 10 的持仓明细

从图 7-1 中可以发现招商中证白酒指数分级的单一行业特性。

此外，市面上也有很多全行业基金，比如博时沪深 300 指数 A（050002），

最具代表性的全行业基金——大盘指数基金在前面的章节中已有介绍，在此不再赘述。

（2）为什么基金定投要选择全行业基金

投资者进行基金定投时选择全行业基金的原因不外乎如下几个方面。

① 行业周期。由于大部分行业都存在周期特性，而且不同行业的牛熊周期长短不一，有的行业一个完整的牛熊周期可能会持续3年~5年，有的行业一个完整的牛熊周期可能会长达10年甚至更久。如果投资者选择了单一行业定投基金，而一旦定投计划与行业周期不匹配、不吻合，将会对定投收益产生很大影响。

② 行业更迭。当前科技发展日新月异，技术更替越来越频繁，国家政策的适时调整也有可能对某些行业的发展或衰退起到推波助澜的作用。以汽车行业为例，鉴于我国石油资源匮乏和大气污染严重的现状，传统汽车行业将逐渐被新能源汽车所取代。在这样的大背景之下，如果投资者选择传统的煤炭、原油等单一行业基金定投，想要获取稳定且丰厚的收益将会更加困难。

③ 新兴产业的红利。在科技大爆炸的时代，很多传统产业被淘汰的同时，也会诞生很多具有发展前景的新型产业，毫无疑问这些新型行业中的投资机会也会很多。如果投资者选择的是单一传统行业的基金产品，就很难享受到这些新兴行业的发展红利。

因此，基金产品包含的行业越多，其系统性风险就会越小，抗风险能力也会越强，持续上涨的概率也会越大。

7.1.2 偏股型

根据基金投资标的的不同，基金可以分为股票型基金、债券型基金、货币型基金及混合型基金等，其中股票型基金及投资股票占比较大的混合型基金都被称为"偏股型基金"。

下表所示为2006年~2015年这十年间国内各类基金的年收益率的对比数据。

年份	股票型	混合型	债券型	货币型	沪深300
2006	88.04%	86.69%	11.26%	1.57%	121.02%
2007	128.85%	101.61%	16.45%	3.30%	161.55%

续表

年份	股票型	混合型	债券型	货币型	沪深 300
2008	-53.62%	-40.25%	6.10%	3.56%	-65.95%
2009	40.07%	54.04%	4.24%	1.29%	96.71%
2010	-5.64%	4.64%	5.78%	1.69%	-12.51%
2011	-20.94%	-21.55%	-1.86%	3.36%	-25.01%
2012	4.22%	4.56%	4.93%	3.10%	7.55%
2013	0.92%	13.47%	0.32%	3.23%	-7.65%
2014	35.43%	21.92%	16.06%	3.28%	51.66%
2015	11.02%	25.72%	9.03%	2.98%	5.58%

第一，货币型基金十年间的表现非常稳定，而且不论外部市场环境发生多大变化，其收益率始终为正。另外，如果将货币型基金的收益率表现与沪深 300 指数进行对比，就会发现它们之间的相关性非常弱，不论是 2007 年的大牛市行情还是 2008 年的股市大跌行情，货币基金的收益基本不受影响。

正是因为货币基金的风险很低且收益稳定，恰恰构成了它不适合进行定投的主要原因。投资者之所以会选择定投，其中一个重要目的就是为了降低投资风险，而货币型基金几乎不存在风险。如果投资者想投资货币基金，完全可以采用一次性单笔投入。

第二，从表中数据可以发现债券型基金与股票市场的波动存在同步性，只是不论上涨还是下跌，其波动幅度较小而已。

第三，从数据可知，股票型基金与沪深 300 指数的表现具有非常强的相关性。换言之，当沪深 300 指数大涨时，股票型基金也同步上涨；当沪深 300 指数大幅下跌时，股票型基金也会同步下跌。总之，它们之间具有非常高的相关性。另一个值得注意的细节是，股票型基金与沪深 300 指数相比，不论是上涨还是下跌，前者的涨跌幅都要小于后者，换言之股票型基金的总体收益率和风险都小于大盘。

由于混合型基金的投资标的是股票与债券等投资产品的综合，因此与股票型基金相比，其风险和收益率都相对较低。关于这一点也可以从表中数据看出来，比如 2006 年~ 2007 年，混合型基金的收益率均低于股票型基金，2008 年整个大

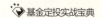
盘处于下跌状态时，其收益率的跌幅也小于股票型基金。

总之，股票型基金和混合型基金都可以作为定投对象，投资者在选择过程中可以根据定投计划、时间长短、自身年龄及风险承受能力等方面来确定。如果是年轻的投资者，则应尽可能选择收益更高、风险稍大的股票型基金作为定投对象。

7.1.3　长跑将

那么基金定投是着眼于短期业绩表现优异的基础产品，还是着眼于长期业绩表现更出色的基金产品？首先来看一个案例。

【案例分析】华宝标普油气上游股票（162411）

图 7-2 所示为华宝标普油气上游股票基金的净值统计数据。

净值估算2018-08-08 04:00	单位净值 (2018-08-06)	累计净值
0.7184 ↑ +0.0034 +0.48%	0.7150 0.99%	0.7150
近1月: 0.56%	近3月: 15.14%	近6月: 30.95%
近1年: 35.93%	近3年: 21.60%	成立来: -28.50%

图 7-2　华宝标普油气上游股票基金的净值统计

数据来源：天天基金网

从图 7-2 中的数据可以发现，该股票基金近 1 年的净值涨幅高达 35.93%，应当说表现非常不错。那么投资者是否可以据此判定该基金就一定适合定投呢？答案是否定的。接下来再来看一下该股票基金的四分位排名图，如图 7-3 所示。

	今年来	近1周	近1月	近3月	近6月	近1年	近2年	近3年	近5年
涨幅	18.38%	-1.11%	0.56%	15.14%	30.95%	35.93%	22.85%	21.60%	-33.30%
同类平均	4.22%	0.64%	3.01%	4.27%	6.49%	8.32%	24.30%	28.45%	33.95%
沪深300	-16.42%	-4.23%	0.11%	-12.14%	-16.83%	-9.60%	5.11%	-13.77%	47.72%
同类排名	16|201	132|216	141|217	17|210	1|201	10|187	72|147	72|118	79|82
排名变动	1↑	53↓	24↓	3↓	---	1↓	1↑	6↓	---
四分位排名	优秀	一般	一般	优秀	优秀	优秀	良好	一般	不佳

图 7-3　华宝标普油气上游股票基金的四分位排名图

建议投资者在看股票型基金四分位排名图时，尽量从右往左看，即先看该股票基金的长期业绩排名，比如最近五年或者三年的业绩排名，然后再看短期排名。原因很简单，基金定投适合长期操作。

从上述数据可以看出，华宝标普油气上游股票基金的业绩表现并不稳定，即便短期涨幅尚可，但长期业绩表现尤其是近五年的涨幅远低于同类平均和沪深 300 指数，因此并不适合基金定投。换而言之，适合定投的基金产品最好是一名"长跑将"。

图 7-4 所示为某基金的四分位排名图，显然该基金为一名"长跑将"。

○ 阶段涨幅明细										
	今年以来	近1周	近1月	近3月	近6月	近1年	近2年	近3年	近5年	成立以来
涨幅	5.37%	0.76%	-3.52%	2.71%	12.85%	4.13%	73.20%	154.81%	139.82%	62.21%
同类平均	-7.46%	0.26%	-2.75%	-1.01%	-0.04%	-8.27%	35.73%	61.64%	88.87%	-
沪深300	-11.28%	0.08%	-6.44%	1.75%	4.95%	-12.09%	-4.27%	43.95%	41.11%	-
同类排名	105|1315	232|1993	1253|1882	98|1753	16|1540	155|1314	39|735	10|602	59|455	
排名变动	2↑	871↑	104↓	2↓	4↑	44↓	4↓	-	-	
四分位排名	优秀	优秀	一般	优秀	优秀	优秀	优秀	优秀	优秀	

数据截止至：2016-12-30　　　　　　　　风险提示：收益率数据仅供参考，过往业绩不预示未来表现！

图 7-4　"长跑将"的四分位排名图

图 7-4 中的数据显示，该基金最近五年、最近三年、最近两年乃至最近一年的业绩都远胜同期沪深 300 指数的表现，不愧为中长期业绩持续表现优秀的"长跑将"，只有具备上述特征的基金才适合进行基金定投。

7.1.4　基金评级

投资者除了查看基金的四分位排名图之外，还可以通过基金评级查找业绩表现优异的基金产品。当前国内的基金评级机构很多，接下来重点介绍行业内比较有代表性的评级机构——晨星公司（Morning Star，Inc.）。

晨星公司把基金分成一星到五星五个不同的等级，其中，五星级别最高，某只基金的收益排名在同类基金中位于前 10% 才能被评为五星。如果某只基金产品连续三年甚至五年的基金评级都为五星，那么该基金很大概率将是所谓的"长跑将"。建议广大投资者尽可能选择五年期评级都为五星的股票型基金或者混合型基金。

▦【知识链接】晨星公司

晨星公司创立于 1984 年，主要为广大投资者提供专业的财经资讯、基金及股票评级，是当前美国最主要的投资研究机构及国际基金评级的权威机构。

晨星公司是一家跨国企业，目前在美国、加拿大、欧洲、日本、韩国、澳大利亚、新西兰和中国都设有分支机构。2003 年 2 月，晨星中国在深圳正式成立，目前在中国的员工人数约为 1 000 人。

7.1.5　中规模

很多投资者并不清楚为什么中等规模的基金产品才是最适合的定投标的，难道不是规模越大越好吗？

（1）为什么基金规模不是越大越好

市面上部分规模很大的基金管理的资金规模高达几百亿元人民币，而规模较小的基金管理的资金总量可能还不足 1 亿元。很多投资者都认为基金规模越大越好，因为规模越大说明购买该基金的人数越多，或者说大众对这只基金的认可度越高，其收益可能也会越高。这种认识是片面的，在基金投资圈中流传着这样一句话，"规模是收益的敌人。"

▦【知识链接】规模是收益的敌人

"规模是收益的敌人"这句话源自于巴顿·比格斯的《对冲基金风云录》。书中是这样说的，由于一只基金的业绩上升会带来很多新的资金涌入，而这种规模的扩大却会导致业绩的下降，结果就形成了一种怪圈，最后导致该基金昙花一现。

为什么基金规模会成为收益的敌人？基金的规模一旦扩大，其收益为何反而会降低呢？

首先需要说明的是"规模是收益的敌人"这句话并非是绝对的，在实践中还得具体问题具体分析。股票型基金可以分为主动型股票基金和被动型股票基金（即指数型基金）。如果是被动型指数基金，规模越大越好，因为其追踪目标指数的准确度可能会更高，从而能获取更高的投资收益。但如果该基金是主动型股票基金，那么规模越大其收益可能反而越低。归纳起来主要有如下几个方面的原因：第一，主动型基金的资金规模越大，其操作难度也越大；第二，规模大的基金公司其管理成本往往更高；第三，大规模基金的持有人数量会更多，为了顾及或平衡大家的利益，可能会导致众口难调。

另外，为什么大规模主动型基金的投资更不方便？如果一只基金的资金管理规模是 20 亿元人民币，并准备用 2% 的资金（4 000 万元）来买入某只股票时，交易可能在一天之内即可完成，整个成交过程可能会很顺利而不被广大的散户所察觉。但是如果一只基金的资产规模是 100 亿元人民币，同样准备用 2% 的资金（2 亿元）去买入某只股票时，其建仓难度就会高很多。原因很简单，如果想要在一个交易日之内完成建仓，由于交易量过大，其交易行踪很可能会暴露，从而导致大量散户和其他机构资金跟进并推动股价上涨，从而抬高该基金的建仓成本，并最终对基金收益产生负面影响。

除此之外，基金规模与基金的重仓标的也存在很大的关联。如果某只基金主要以市值大的大盘蓝筹股为投资标的，其基金规模大就很正常。反之，如果某基金以投资中小盘成长股为主，其管理的资金规模太大反而不是好事。

（2）小规模基金又如何

既然基金规模过大会对收益产生负面影响，那么选择资金规模很小的基金又如何呢？基金规模过小面临的最大风险就是被清盘。另外，基金规模小可能也和它的业绩表现不佳有关，从而导致投资该基金的投资者人数持续处于低位。

对于广大投资者而言，资金规模在 20 ~ 50 亿元之间的基金可能是最好的选择。

7.1.6 高波动

如果一只基金的净值波动很小，非常平稳，与货币基金的特性比较相似，那么投资者就没有定投的必要，完全可以采用一次性买入的策略。

正是由于某些基金的高波动特性（比如主动型股票基金），给定投策略提供了用武之地，在定投过程中不断摊薄投资者的成本，并最终获取可观的投资收益。

7.2 筛选基金公司的几大原则

基金收益的高低会对基金定投计划产生影响，基金公司是否优秀也会影响基金定投的长期效果，因此，除了要学会挑选优质的基金产品，投资者还要学会挑选优质的基金公司。那么，什么样的基金公司才是优质的基金公司呢？

7.2.1 排名稳定

排名稳定是选择优质基金公司的第一个原则。如果一家基金公司的排名连续保持稳定，那么就有理由相信它在未来将会有出色的业绩表现。

在此需要强调的是，排名稳定并不意味着排名靠前。比如某基金公司的业绩在前年排名第一，去年业绩排名降至第四，到了今年进一步下滑至第十位，这样的基金公司业绩表现并不稳定，波动太大，并不是投资者的首选。

【知识链接】基金公司排名的维度

对基金公司的排名存在很多维度。

（1）按照成立时间排名。比如国内成立最早的基金公司是国泰基金，成立时间是 1998 年 3 月。

（2）按照管理规模排名。图 7-5 所示为当前国内按管理规模排名前 10 的基金公司（截至 2018 年 6 月 30 日）。

序号	基金公司	总规模 ⬇
1	天弘基金管理有限公司	17,892.95
2	易方达基金管理有限公司	5,974.79
3	工银瑞信基金管理有限公司	5,455.92
4	建信基金管理有限责任公司	4,876.74
5	博时基金管理有限公司	4,412.80
6	南方基金管理股份有限公司	4,334.75
7	招商基金管理有限公司	3,919.15
8	华夏基金管理有限公司	3,845.31
9	中银基金管理有限公司	3,624.89
10	嘉实基金管理有限公司	3,614.21

图 7-5　基金公司管理规模排名前 10 的基金公司（单位：亿元）

（3）按照回报率排名。是指按照最近一年的收益率进行排名，或者按照最近几年收益率的平稳性及长期收益率是否能跑赢平均值进行排名。

（4）按照旗下基金数量排名。部分基金公司旗下的基金产品数量很多，而且产品覆盖面也很广，既有专注于大盘股的基金产品也有重点投资小盘股的基金产品，既有风险高的股票型基金也有风险低的货币型、债券型基金。如果某个基金公司旗下的基金产品数量多且覆盖面广，则能在一定程度上说明该基金公司的研究能力较强。

（5）按照第三方评级排名。

（6）按照社会认可度排名。所谓社会认可度主要指的是投资人对基金公司的认可度。

7.2.2 声誉佳

声誉需要长期积累。比如，去买家电产品时，消费者首先想到的更多是美的、海尔等几大品牌厂商，而不是名不见经传的路边店。

选择基金公司的道理也是一样，投资者首先肯定会选择口碑较好的基金公司。国内的基金公司数量庞大，但很多投资者没有能力去全面调研任何一家基金公司，那这种情况下应该如何判断基金公司的声誉好坏呢？

7.2.3 服务好

基金公司的服务非常重要。很多读者可能会有疑问，通过第三方基金销售平台（比如天天基金网）等线上渠道即可购买基金产品，根本接触不到基金公司的服务，何谈好坏呢？

其实基金公司的服务和沟通渠道形式多样。首先，基金公司有针对普通投资者的沟通渠道，比如热线电话或在线客服。比如，嘉实基金除了人工客服电话，还提供在线留言功能，其客服时间是从周一至周五的早晨 8:30 至晚上 9:00，周六、周日是早上 9:00 至下午 5:00。但并非所有的基金都提供如此长的客服时间，不同基金公司的服务水平是不一样的。

7.2.4 团队强

总体而言，国内基金公司的基金经理流动性比较大。为了应对这种局面，基金公司往往会把研究团队放在第一位，从而有效规避基金经理流失对基金公司的负面影响。

如何评判一家基金公司研究团队的实力强弱呢？在通常情况下，基金公司很少向外界公布与团队实力相关的数据或信息，但我们可以通过其他途径观察和分析。比如基金经理离职，但对其管理基金的业绩影响不大，或者基金公司大部分基金产品的业绩表现都不错，而不是良莠不齐。

7.2.5 产品全

投资者需要了解基金公司的基金产品是否全面，既有股票型基金、货币型基金也有债券型基金。另外，某类基金（比如股票型基金）的产品布局是否完整，是不是存在专门针对大盘蓝筹和中小盘股的基金产品，或者是不是同时存在高风险和低风险基金产品。

7.3 挑选主动型基金的步骤

7.3.1 基础工作

第一步，确定市场或板块。比如到底是投资国内的股票基金还是投资境外的股票基金？是投资大盘蓝筹股板块还是风险比较高的中小盘基金？

值得注意的是，如果投资者之前已经定投了一只基金产品（比如上证50指数基金），且想继续进行基金定投，就应该对定投的对象进行适当调整，比如可以尝试创业板指数基金等，总之，"鸡蛋不要放在一个篮子里"。

第二步，锁定基金类别。到底是选择股票型基金还是混合型基金？投资者需提前锁定基金类别。

第三步，中长期的排名或评级。基金定投本质上属于中长期的投资计划，因此投资者需要关注基金产品的中长期排名情况或评级的高低。在此建议投资者尽量选择五年期评级全部为"五星"的基金产品。

第四步，剔除小公司的产品。鉴于小基金公司的团队实力和管理水平相对较低，建议投资者将其剔除。

7.3.2 进阶工作

挑选主动型基金产品的进阶工作主要包括如下几个方面。

（1）基金规模和成立时间。通常，基金规模在20亿元到50亿元之间比较适当，当然如果投资者所选的是指数型基金，基金规模越大越好。另外，成立时间当然越早越好，成立时间越长往往意味着基金管理人的经验越丰富，基金产品在未来的业绩表现也更值得期待。一只在过去几年内业绩表现优异的基金在未来更有可能继续优异。

（2）基金经理的能力。基金经理是一只基金产品的核心，他的业务能力在很大程度上决定了基金的业绩表现。投资者要对基金经理的历史业绩进行追踪，如果他过去负责的基金产品表现都不错，那便有理由相信他的管理运营能力。

（3）基金是否经历过牛熊周期。在通常情况下，国内的资本市场每一轮牛熊周期的时间跨度大概是 3 年～5 年。投资者不仅需要考察基金产品在大盘行情向好的情形下的市场表现，也要注意其在大盘处于弱势时的业绩。如果不论行情好坏，某基金的业绩表现均优于同类基金的平均水平，那么就可以初步判定这只基金值得信赖。

（4）基金在所属基金公司中的地位。比如某只基金是某基金公司的拳头产品或头牌产品，这些基金往往是基金公司的"荣耀"，对其重视和关注程度自然也就更高，因此这类基金产品通常是比较可靠的。

（5）"兄弟"基金的情况。如果投资者碰上了某基金公司的拳头产品，切不可高兴太早，还要关注该公司其他基金产品的表现。如果某基金公司只有拳头产品的业绩很优秀，而其他"兄弟"基金产品的表现平平，也要慎重选择。

（6）费用相关。在考虑了上述所有因素之后，投资者还应该关注基金的费用。如果有三只基金备选，且几只基金的其他情况大同小异，难以抉择，则可以将基金费用率作为选择的标准。

第 8 章

创建优质基金种子库

　　按照前一章所述的筛选方式，可以从数量庞大的基金产品中初步筛选出几十只可供进一步选择的基金产品。接下来的工作便是对筛选出的几十只基金进行归类和管理，这便是本章要讲解的重点内容。

8.1　充实基金风格箱

投资者应该如何挑选出优质的基金产品并将其充实到基金风格箱之中，进而构建优质基金种子库呢？此处利用晨星公司网站提供的工具来挑选适合定投的优质基金并将它们分门别类地放入基金风格箱之中。具体操作如下（假定操作时间为 2018 年 6 月 30 日）。

第一步，百度搜索晨星公司并登录晨星公司官网，其官网主界面如图 8-1 所示。

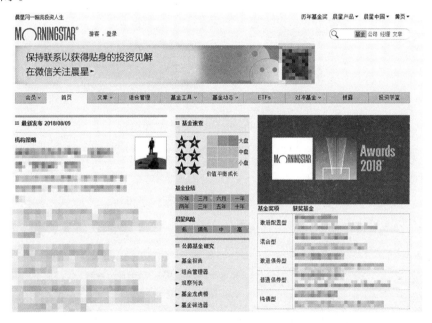

图 8-1　晨星公司官网主界面

第二步，在晨星公司官网的标题栏中找到"基金工具"，并在其子菜单中找到"基金筛选器"，单击进入之后就会出现图 8-2 所示的界面。

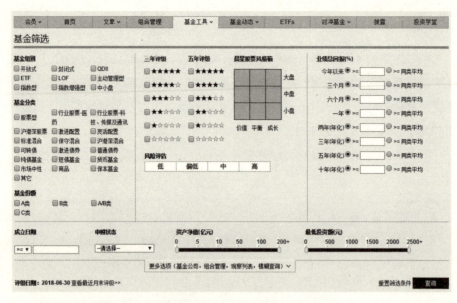

图 8-2　晨星公司"基金筛选器"界面

第三步，在左侧基金分类一栏中选中"股票型""灵活配置""标准混合"等选项，在中间部分选中三年和五年评级均为"五星"的选项，在右侧的晨星投资风格箱中分别选择价值大盘等方框，然后在右下方单击"查询"即可得到相应的基金产品数据，如图 8-3 所示。

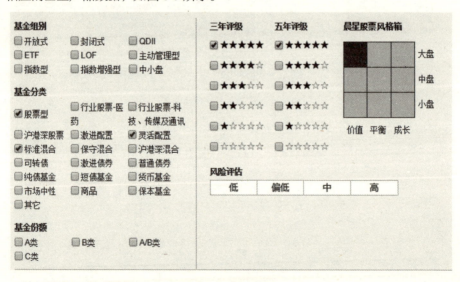

图 8-3　设置基金类别

第四步，将通过上述步骤选出的基金代码记录在基金风格箱中，优质基金种子库便建立起来了，最终的结果如下表所示（表中数值代表基金代码）。

	价值型	平衡型	成长型
小盘	—	—	—
中盘	—	—	—
大盘	540006、160716、310398	519091、110003、166005、040011、320011、159916、163407、481012、159905、530015	110022、519697、110011、180012、570005、519712、040008、070032、519702、690001、519700、510630、163412、270041、165312、519066、519069、519068、202023、002021、160212、163406、340008、020026、163402、163415、160916、570001、202005、166001、166002、260112、090007

由于对三年和五年评级要求都为五星，挑选条件比较严格，因此中盘和小盘基金均达不到要求，只有部分大盘基金能满足相应要求，其中，大盘成长型基金数量最多，共33只；其次是大盘平衡型基金，共10只；大盘价值型基金共3只。

8.2 优中选优

经过上述几个步骤的筛选，共挑选出46只三年期和五年期评级都为五星的优质基金。但考虑到总量还是比较大，投资者还需进一步挑选。具体而言，投资者可以使用之前提及的"全行业"和"中规模"两个原则进行挑选，如果某只基金不是全行业基金，便将其淘汰；如果其规模太大或者太小，也将其淘汰。除此之外，如果发行基金产品的基金公司规模太小，也应该被淘汰。

如果投资者年龄较大，投资风格也相对保守，可以适当选择大盘价值型的基金，并建立符合自身特点的基金种子库。

实践中也不乏投资期限相对较短的基金定投投资者，他们的定投周期可能是1~3年。在这种情况下，可以考虑将"五年期评级为五星"这个条件剔除，只选择"三年期评级为五星"的基金，由于基金挑选条件有所放松，可供挑选

的基金数量会更多。根据晨星公司的筛选系统，这样可筛选出 10 只大盘价值型、24 只大盘平衡型和 73 只大盘成长型基金，合计数量为 107 只，远高于同时满足"三年期和五年期评级均为五星"的基金数量。

第 9 章

智慧定投法之基金怎么买

  在基金定投过程中会涉及很多关键的操作节点，本章重点解决"基金定投怎么买"这个关键问题，这里的基金特指适合定投的基金。

9.1　入场时机与入场时间

基金定投是个长期的投资方式。从理论上说，定投的时间越长，收益越高，风险越低。

9.1.1　定投到底需不需要择时

很多投资者都会有疑问，在什么样的行情下进行基金定投最合适？答案是随时都可以开始基金定投。有一句话非常适合形容基金定投："种一棵树最好的时间是十年前，其次是现在！"

基金定投是中长期投资，图 9-1 所示为博时沪深 300 指数 A 在 2003 年 ~ 2016 年的净值走势图。

图 9-1　博时沪深 300 指数 A 的净值走势图

在图 9-1 中，博时沪深 300 指数 A 的走势与沪深 300 指数的走势基本一致。在长达 13 年的基金净值走势图中，选取有代表性的四个点位，它们分别是 2003 年 8 月 26 日（该基金成立的日子）、2007 年 5 月 10 日（基金净值最高点）、2008 年 11 月 4 日（基金净值的历史最低点）、2016 年 12 月 31 日（基金净值为 1.168 元）。

接下来对上述数据进行回测。可以分别从前面三个点开始定投计划，定投的截止日全部为 2016 年 12 月 31 日，那么上述三种定投计划的定投结果到底如何呢？假定定投的日期均为每月 17 日，每月的扣款金额为 1 000 元，申购费率为 1%。

（1）定投计划一：定投开始日为 2003 年 8 月 26 日（该基金的成立日期），定投结束日为 2016 年 12 月 31 日，总的扣款次数为 160 次，扣款金额为 160 000 元，期末资金为 316 363 元，收益为 156 363 元，总的收益率为 97.7%。

　　如果投资者不进行基金定投，而是选择在基金刚成立时一次性投入 160 000 元，则到 2016 年年底，其总的收益率为 16.8%，远低于基金定投的总收益。当然这不能说明基金定投一定比一次性投资的收益率高，但就这个案例而言确实如此。

　　（2）定投计划二：定投开始日为 2008 年 11 月 4 日（基金净值历史最低点），定投结束日为 2016 年 12 月 31 日，总的扣款次数为 98 次，扣款总金额为 98 000 元，期末资金为 144 803 元，收益为 46 803 元，总的收益率为 47.8%。

　　（3）定投计划三：定投开始日为 2007 年 5 月 10 日（基金净值最高点），定投结束日为 2016 年 12 月 31 日，总的扣款次数为 116 次，扣款总金额为 116 000 元，期末资金为 166 877 元，收益 50 877 元，总的收益率为 43.9%。

9.1.2　定投时净值高低对总收益的影响

　　对比上述三个定投计划可以发现，定投时间越长，收益往往越高，定投时间越短，收益往往越低。很多投资者可能会有疑问，为何在基金净值处于高点位置进行定投（比如 2007 年 5 月 10 日），收益率并没有显著降低？

　　要回答这个问题，就要弄清楚基金定投的本质及定投与一次性投资的区别。以博时沪深 300 指数 A 为例，该基金的净值处于高位的时间段如图 9-2 所示。

图 9-2　博时沪深 300 指数 A 的净值处于高位的时间段

　　该基金的净值处于高位的时间跨度只有四五个月的时间，而基金定投是每月扣款一次，每次扣款 1 000 元，在长达九年半的定投时间里，只有 4 个月是买在基金净值处于高点的区间，而其他时间段则买在基金净值不高不低的区间。这就好比做生意，一般情况下的进货成本都比较适中，只有极个别时间段内的进货成本很高，但由于做生意的时间很长，为数不多的几次高进货成本对于获取利润并不会有太大的影响。

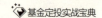

因此，投资者如果有基金定投的意愿，不要纠结于进入市场的时间节点，因为从长期来看，进入市场的时间节点对于定投收益产生的影响不大。对于投资者而言，唯一可行的方法就是拉长定投的时间，因为定投时间越长，收益往往越高。

9.2 在不同行情下定投的收益比较

9.2.1 几种典型行情下的基金定投

以嘉实优质企业混合（070099）为例来进行说明。图9-3所示为嘉实优质企业混合2007年12月1日至2012年3月1日的净值走势。

图9-3 嘉实优质企业混合的净值走势

投资者从开始定投到定投结束，一般会遇到如下几种比较典型的基金净值走势。

（1）从开始定投到定投结束，基金净值一路上涨。图9-3中的B～D便属于这种情形。

（2）开始定投之后基金净值在一个较小的区间内窄幅震荡，持续波动相当长一段时间之后出现明显上涨，图9-3中的C～D便属于这种情形。

（3）开始定投之后基金净值一路下跌，但并没有因此终止，等到行情反转之后且净值恢复到原位才终止定投。图9-3中的A～D便属于这种情形。

9.2.2 几种基金净值走势下的定投收益比较

不同的基金净值走势下，在哪个阶段进行定投能够得到更高的收益呢？

（1）从B到D（图9-3中所示）基金净值一路上涨的行情。这种情形可能也是基金定投投资者愿意看到的，因为在整个定投过程中，收益持续上涨，但是这种情形下的定投收益却并非是最好的。图9-4所示为在这种情况下定投收益率与基金净值增长率之间的对比关系。

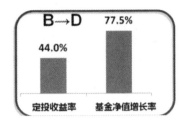

图 9-4 　基金定投收益率与基金净值增长率之比较

从图 9-4 中可知，从 B 到 D，基金定投的收益率比基金净值增长率要低得多。换而言之，如果基金净值行情一路上涨，基金定投与一次性投入相比并没有体现出明显的优势。试想一下，如果某投资者在 B 点附近一次性投资并持有至 D 点，其收益率比定投要高得多。

（2）从 C 到 D（基金净值先盘整再上涨，如图 9-3 所示）。这种情况下，与基金净值增长率相比，基金定投的收益率表现又如何呢？具体比较如图 9-5 所示。

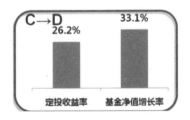

图 9-5 　基金定投收益率与基金净值增长率的比较

从图 9-5 中可以看出，基金定投收益率与基金净值增长率两者之间的差别已经很小，基金定投方式的优势也开始逐步显现。由于是逐步投资资金，即每月扣款一次而非将所有资金在 C 点一次性投入，节省了资金。定投对投资资金的节省既可能是主动的，也可能是被动的。主动节省资金是指即便投资者的投资基金充足，但为了控制风险主动选择分批逐次投入；被动节省资金则是指投资者想一次性投入但资金量不足，只能选择每月扣款一次的定投方式。

当然，在这种先盘整后上涨的行情下，投资者是非常煎熬的。因为开始定投之后，整个基金净值持续盘整，上上下下，长时间没有质的突破，容易导致投资者产生焦灼情绪。其实对于这种长时间在低位徘徊的行情，根本没必要焦虑，因为可以在低价位积累足够多的基金份额并为后续行情的上涨做好准备。

（3）从 A 到 B 再到 D（基金净值先下跌再上涨，如图 9-3 所示）。在这种情形下，基金定投的收益率与基金净值增长率相比，是处于优势还是劣势呢？请看图 9-6。

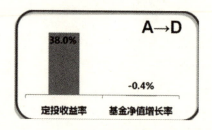

图 9-6　基金定投收益率与基金净值增长率的比较

从图 9-6 中可以看出，在基金净值从 A 点运行至 D 点的过程中，净值不仅没有增长反而还有小幅下跌，但是同期的基金定投却实现了 38% 的增长。在这种"过山车"的行情中，基金定投的优势进一步体现。

如果投资者遭遇这种"过山车"式的行情，就需要有平稳的心态。在此需要提醒投资者的是，如果在定投过程中遭遇到基金净值行情的持续下跌，大家应该坚持、坚持再坚持。跌幅越大、跌的时间越长，对定投更为有利，因为在行情下跌途中可以用更低的成本获取更多的基金份额。在定投成本被充分摊薄之后，只要基金净值反弹，投资者就能迅速转亏为盈。

9.3　定投金额与定投频率

前面几个章节主要解答了定投基金应该怎么选及什么时候开始定投最合适等几个关键问题。那么多久定投一次最合适，每次定投多少金额？这便是本节重点关注的问题。

1.每次的定投金额

每次的定投金额不能一概而论，需要根据投资者的月收入等因素而定，并没有统一的标准。

【案例分析】每次的定投金额

投资者王五每个月实际到账的工资是 8 000 元，去掉各项开支 5 000 元之后每月可结余 3 000 元，那么王五每月用于基金定投的金额多少才算是合适的？

首先，王五每月的定投金额不能超过 3 000 元，因为一旦超过，每月的正常开支就会捉襟见肘。那么定投金额占每月结余资金的比例多大才是合适的？通常而言，将每月结余资金的一半用于基金定投可能是最合适的。

如果每月的结余资金是 3 000 元，那么拿出 1 500 元用于定投是合适的。原因如下：第一，不会因为每月扣款太多而影响自身的生活开支；第二，"闲钱投资、长期持有"应该是基金定投的准则之一。

鉴于很多投资者的消费自我控制力较弱，为了进行基金定投，可以在每月工资到账的当天便将一定比例（比如 10%）的资金适时强制扣除并用于定投，这属于强制性结余。

2. 哪一天扣款比较合适

在确定每次的定投金额之后，还需要选择合适的扣款时机。

第一，在选择扣款日期时，建议规避每月的月初和月末。由于每月 1 日、2 日、3 日及每月 30 日、31 日经常与我国的法定节假日重叠，比如 5 月 1 日的劳动节、10 月 1 日的国庆节、1 月 1 日的元旦，如果投资者每月的扣款日期遭遇法定假日，就会导致扣款不成功，因为很多第三方基金的销售平台在节假日是不扣款的，而且过了节假日到了正常的上班时间也不会重新补扣，最终的结果便是定投计划不能百分之百地执行。

第二，投资者的基金定投计划都是事先制订好的，每月的定投金额也都是固定的。在此建议将扣款日期设定在发工资后的几天，如果发工资的日期是每月 15 日，那么定投日期可以设定为每月 18 日前后。

当然，上述提及的扣款方式很常规即每月扣款一次，当前大部分基金公司或基金销售平台不仅支持每月扣款一次的方式，还支持其他的扣款方式（比如每半月扣款一次、每周扣款一次、每日扣款一次）。需要说明的是，这里所说的每日扣款指的是每个工作日扣款，需要将每周的周六、周日和法定节假日剔除。

⑩【案例分析】每月扣款与每双周扣款、每周扣款的比较

当前基金定投的扣款方式很多，除了每月扣款之外，还有每半月（双周）扣款、每周扣款等其他扣款方式，那么到底应该如何选择扣款方式呢？

首先，选择扣款方式主要取决于自身每月的总计扣款金额，换而言之，投资者到底打算每月拿出多少钱用于定投。因为每只基金在不同的销售渠道有不

同的最低申购金额限制，同时还存在单笔定投金额限制，当前大多数基金的单次最低定投扣款金额为 100 元（还有的基金最低扣款金额为 200 元甚至更高）。

以申万菱信量化小盘股票（163110）为例，其在天天基金网上的最低定投门槛为 300 元 / 次。如果投资者要投资该基金，且每月只能拿出 1 000 元来进行基金定投，那么每周扣款的方式是不能选择的。原因很简单，因为申万量化小盘基金的单次最低扣款金额为 300 元，如果每周扣款一次，那么每个月就是四次，总的扣款金额就应该为 1 200 元，超过了投资者每月 1 000 元的预算。

在这种情况下，只有两种定投方式可以选择，即每月扣款和每半月扣款。如果选择每月扣款一次，则每月扣款的额度可以选择 1 000 元；如果选择每半月扣款一次，每次的扣款额度可以选择 500 元。

总体而言，投资者在决定扣款周期或扣款频率时，需要事先做好统筹规划，首先需要确定每月的定投预算是否与目标基金的最低定投门槛相匹配；其次，在确定定投频率或定投周期时，还应当与自身的收入状况相匹配。如果是工薪一族，工资每月发放一次，最好选择每月定投一次，因为这与工资到账时间相匹配，工资一旦到账自动扣款，省心省力，投资者也不用担心扣款时银行卡余额不足；最后，如果投资者每月收入不稳定或者每月到账的时间不固定，则可以考虑选择每周扣款或每双周扣款的方式，以防止扣款日到来时因银行卡余额不足而导致扣款失败。

假定某投资者每月计划定投 2 000 元，但是其收入及工资到账时间并不稳定，如果选择每月 15 日定期扣款，一次性扣款金额为 2 000 元，万一某个月的 15 日工资并未到账，就可能导致扣款失败，当月的定投计划就会受到影响，如果正好处于大盘下跌的行情中，对于投资者而言将会是更大的损失。但如果该投资者更换一种定投方式，采用每周扣款一次的方式，每周扣款 500 元，每月扣款四次，扣款总额还是 2 000 元，即便遭遇某个扣款时段银行卡余额不足的情形，少扣款的金额也只有 500 元。

除此之外，如果投资者结余资金较多，可以考虑同时定投多只基金，定投的基金之间关联度越小越好，以保证在总金额不变的情况下尽可能降低定投风险，不把鸡蛋放在同一个篮子里。

9.4 月定投、周定投收益的比较

很多投资者想当然地认为，周定投的收益率比月定投的收益率更高，理由就是周定投的扣款频率更高，因此其成本曲线更平滑，摊薄成本的效果也会更好。接下来用实际案例来说明上述说法是否正确。

1.基金定投计算器

基金定投收益率可以通过基金定投计算器计算得出。基金定投计算器在哪里可以找到呢？

首先，百度搜索新浪财经，进入新浪财经主界面之后，在上方菜单栏中单击"基金"，就会出现图 9-7 所示的界面。

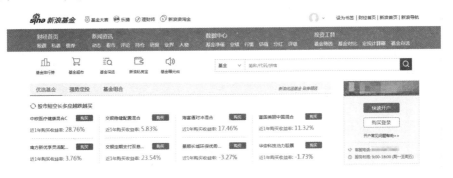

图 9-7 新浪财经"基金"的界面

然后，在上述界面的左上方找到"基金筛选"选项，单击该选项，就会进入图 9-8 所示的界面。

图 9-8 基金筛选

最后在上方的菜单栏中单击"定投计算器"选项卡，即可得到图 9-9 所示的界面。

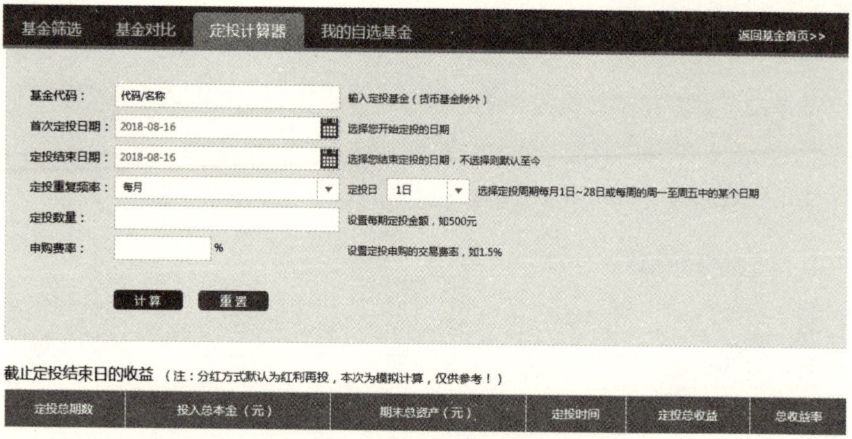

图 9-9　"定投计算器"界面

在"定投计算器"界面的空白栏依次输入"基金代码""首次定投日期""定投结束日期""定投重复频率""定投数量""申购费率"等数据，并单击左下角的"计算"按钮，即可获得基金定投收益率。

2. 基金定投收益率的比较

以博时沪深 300 指数 A（050002）为例，利用定投计算器即可得出其月定投收益率和周定投收益率。假设定投时间为 2003 年 8 月 26 日～ 2016 年 12 月 31 日，扣款方式为每月 5 日扣款 1 000 元或每周二扣款 250 元，那么到底哪种扣款方式的实际收益率更高呢？

在上述"定投计算器"界面中分别输入"基金代码""首次定投日期""定投结束日期""定投重复频率""定投数量"和"申购费率"等数据，即可得出月定投和周定投的基金定投收益率。

经过计算，博时沪深 300 指数 A（050002）月定投与周定投的总收益率分别为 98.88% 和 98.53%，具体如下表所示，金额单位为元。

	定投总期数	投入总本金	期末总资产	定投时间	定投总收益	总收益率
月定投	160 期	160 000	318 207.96	160 个月	158 207.96	98.88%
周定投	697 期	174 250	345 934.88	697 周	171 684.88	98.53%

通过计算可以发现，博时沪深 300 指数 A 按月定投的收益率略高于按周定投的收益率，因此所谓周定投收益率更高的说法是缺乏事实依据的。

　　值得注意的是，上表中显示月定投的投入本金比周定投的要低，这又是什么原因呢？如果是按月扣款，全年的扣款次数为 12 次，每次扣款金额为 1 000 元，所以年扣款金额为 12 000 元；如果是按周扣款，全年的扣款次数为 52 次，每次扣款金额为 250 元，年扣款金额则为 13 000 元。正是因为每年 1 000 元的扣款额的差距，累积十多年之后的结果便是上表中所示的投入本金之差。

　　总之，在此建议投资者尽可能采用按月定投的方式。之所以按月定投更合理，除了其长期收益率更高之外，还有如下几方面的原因：第一，省时、省力且方便记录；第二，周定投会让投资者过于频繁地查看定投收益，这不利于投资者保持平稳的投资心态。

第 10 章

智慧定投法之基金怎么卖

虽然基金定投适合进行中长期投资，但不论定投时间有多长，总有卖出的时候。本章主要阐述中短期定投计划的卖出技巧。

10.1　锁定收益的有效工具：止盈点

短期的基金定投计划在通常情况下很难贯穿一个完整的牛熊周期，换而言之，这类投资者没有机会去体验超大型的"微笑曲线"或者说"V"字形行情。在这种情况下，投资者如何让自身的定投计划在获得更高收益的同时有效避免市场行情的波动，在此引入了一种新的基金卖出方法：设立止盈点。

止盈点是专门为短期基金定投而设立的一种卖出机制。当投资者定投的基金产品收益达到预期时就按照原计划卖出基金，定投阈值即为止盈点。

【案例分析】 止盈点的两种设立方法

止盈点有两种设立方法：收益率止盈点和获利额止盈点。

以定投嘉实研究精选混合 A（070013）为例，在定投之前事先设定当基金定投收益率达到 15% 时卖出基金，这时 15% 就是止盈点；止盈点的另一种设定方法即获利额止盈点，比如当定投获利额达到 1 000 元时就卖出基金，1 000 元即为止盈点。

对比两种止盈点的设定方法，会发现收益率止盈点可能更科学，因为收益率数值不受定投金额大小的影响，更加容易确定也便于横向比较。

止盈点设定为多少最合适？答案因人而异，它与投资者定投的金额大小、预计定投的时间长短及定投形态都有关系。

【案例解析】 止盈点的设定

以嘉实研究精选混合 A（070013）为例，重点说明不同止盈点与定投收益率的关系。该基金的净值走势如图 10-1 所示。

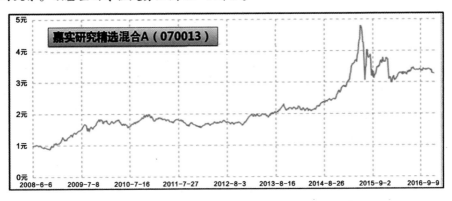

图 10-1　嘉实研究精选混合 A（070013）的净值走势

嘉实研究精选混合 A 是 2008 年 6 月初成立的，假定某投资者从该基金成立之初就开始定投，定投的结束日期是 2016 年 12 月 31 日，每月定投金额为 1 000 元，每月扣款 1 次，每月扣款日期为每月 10 日，定投手续费为 0.1%，赎回费为 0.5%，分红方式选择红利再投资。接下来为该基金设定几类不同的收益率止盈点，以便进行对比。

止盈点一：定投收益率 15%。

止盈点二：定投收益率 30%。

止盈点三：定投收益率 45%。

止盈点四：定投收益率 100%。

（1）将定投收益率 15% 设定为止盈点

自定投以来该基金的盈亏表现如下表所示。

定投开始日：2008-06-06	2009-03-16	2009-07-23	2010-11-30	2013-02-02	2014-08-27	2015-02-12	2016-12-31	总计
止盈点的：15%	15.01%	15.44%	15%	15.51%	15.52%	15.05%	−3.87%	
盈亏金额	1 498 元	617 元	2 398 元	4 033 元	2 947 元	902 元	−890 元	11 505 元

从 2008 年 6 月 6 日开始定投到 2009 年 3 月 16 日大约 9 个月的时间，基金定投收益率刚好达到止盈点，这段时间获取的基金收益为 1498 元。从图 10-1 可以看出，这段时期之内，基金净值呈现出较快的增长。正是因为基金净值的持续上涨，才使得该基金的定投收益率只用了 9 个月左右的时间便实现了 15% 的增长。

2009 年 3 月 16 日到 2009 年 7 月 23 日，大约 4 个月的时间，基金定投再次达到止盈点，这段时间获取的收益仅为 617 元。由于这段时间基金净值涨幅最大，因此用了非常短的时间即达到止盈点。另外，虽然在 2009 年 3 月 16 日第一次到达止盈点之后基金已经卖出，但是定投扣款仍在继续，只是定投扣款从头开始而已，定投基数很小，导致定投收益不高。

2009 年 7 月 23 日至 2010 年 11 月 30 日，基金定投再次触及止盈点，由于这段时间较长，超过 1 年，因此定投收益也相对要高很多，收益总额为 2 398 元。

其他时段的表现情况与上述几个时段类似，不再阐述。

综上所述，从 2008 年 6 月开始定投到 2016 年 12 月结束定投，在 8 年多的定投过程中，共有 6 次触及止盈点，投资者也先后卖出了 6 次。每次到达止盈点获利的金额已经展示在上述表格之中，基金定投的收益总额为 11 505 元。

（2）将定投收益率 30% 设定为止盈点

在这种情况下，基金定投的盈亏表现如下表所示。

定投开始日：2008-06-06	2009-05-30	2013-09-27	2015-01-31	2016-12-31	总计
止盈点：30%	30.28%	30.62%	30.32%	−3.87%	
盈亏金额	3 633 元	15 924 元	4 851 元	−890 元	23 518 元

2009 年 5 月 30 日，基金净值达到止盈点，相比于 15% 的止盈点，出现时间上推迟了 3 个月左右，由于止盈点位更高，定投收益自然也就更高，最终盈利 3 633 元。在此之后，定投计划并未终止，每个月扣款 1 000 元的定投仍在执行，并等待下一次到达止盈点。

2013 年 9 月 27 日，基金净值再次达到止盈点，相较于 2009 年 5 月 30 日而言，已经是 4 年之后。为什么再次达到止盈点用了如此长的时间？从图 10-1 可以看到，从 2009 年 5 月 30 日至 2013 年 9 月 27 日，基金净值持续盘整，阶段涨幅并不显著，从而拉长了再次触及止盈点的时间。

将上述两种情况进行对比，达到止盈点所需时间越长，一旦触及止盈点，获取的收益会越高。另外，随着止盈点设定的位置越高，一段时期内触及止盈点的次数往往越少。比如，止盈点为 15% 的定投收益率时，嘉实研究精选混合 A 触及止盈点的次数为 8 次，但当止盈点设定为 30% 的定投收益率时，该基金触及止盈点的次数仅为 3 次，触及次数大幅降低。

（3）将定投收益率 45% 设定为止盈点

在这种情况下，基金定投的盈亏表现如下表所示。

定投开始日：2008-06-06	2009-07-20	2014-11-24	2016-12-31	总计
止盈点：45%	45.39%	45.35%	0.37%	
盈亏金额	6 534 元	29 052 元	96 元	35 502 元

从定投开始日到 2009 年 7 月 20 日，1 年多以后，定投收益率才触及止盈点，相对于其他两种情形，止盈点的触及时间再次向后推移。

2014 年 11 月 24 日，定投收益率再次达到止盈点，相较于 2009 年 7 月 20 日，时间又过去了 5 年多。由于时间间隔较长，每月扣款额的积累量也最大，盈利金额为 29 052 元。自此之后直至定投结束，基金收益率再也没有触及止盈点。

综上所述，通过上述三种方案的对比可以发现，止盈点设定最高的方案盈利最多，高达 35 502 元，其余两种方案的盈利总额则分别为 11 505 元和 23 518 元。

（4）极端情况：将定投收益率 100% 设定为止盈点

基金定投的盈亏表现如下表所示。

定投开始日：2008-06-06	2015-02-16	2016-12-31	总计
止盈点：100%	102.59%	−4.99%	
盈亏金额	83 096 元	−1 099 元	81 997 元

从上述表格可以看出，如果从 2008 年 6 月开始定投，一直到 2015 年 2 月，基金收益率才达到 100% 的止盈点，但是漫长的煎熬与等待并没有辜负投资者，在这段期间内，投资回报也同样丰厚，获利金额高达 83 096 元。自此之后直至定投计划结束，再也没能触及止盈点。

最后一种比较极端的止盈点方案表明：虽然该方案到达止盈点的次数最少，每次止盈间隔的时间最长，定投过程最为煎熬，但是获利却遥遥领先其他几种方案。

通过对上述四种方案的对比，基本可以得出如下几个结论。

第一，止盈点设定的位置越高，投资者等待卖出的时间往往越长。

第二，止盈点设定的位置越高，触及止盈点的次数就会越少。

第三，止盈点设定的位置越高，定投过程往往越煎熬，享受赎回获利的乐趣就越少。

第四，止盈点设定的位置越高，最终获利的金额往往越大。

第五，止盈点的设定应该与定投计划和中长期开支计划相匹配。换言之，投资者在设定止盈点时需要考虑到预计定投的时间，想清楚打算定投几年及最近几年内是否存在大笔开支。假定投资者定投的时间为三年，止盈点设定为定投收益率 40%，那么也有可能三年定投计划结束时基金定投收益率还从来没有达到过 40%。在通常情况下，三年以内的定投计划止盈点设置在 10% 左右；3 年~5 年的定投计划止盈点设置在 10% ~ 20%；5 年以上定投计划止盈点设置为 30% 或以上为宜。

第六，止盈点的设置应该符合自身的投资风格。因为止盈点设置得越高，最终的投资收益可能也越高，但投资者承担的风险也越大。如果投资者的风险承受能力较小，投资风格偏稳健，应该适度降低止盈点；反之，如果投资者风险承受能力较高，可以适度提高止盈点。

第七，止盈点越低便越容易达到。

第八，在定投扣款金额较大的情况下应适度降低止盈点。对于每个月结余资金和扣款资金较多的投资者，建议也适度降低止盈点。

第九，基金定投设定止盈点的原因主要包括突破人性弱点和纪律定投。实践证明，在设定止盈点的前提下，基金定投的收益率要高出许多。

【专家提醒】几点需要规避的认识误区

在上述案例中，有如下几点需要补充说明。

第一，单纯对比几种方案的获利总额可能不太合理，因为卖出获利的时段并不一致，前几种方案还需要考虑货币的时间价值，即较早的获利可以用于再投资从而产生更多的收益。

第二，虽然止盈点设定的位置与最终获利在一定条件下可能成正比，但止盈点的设定位置是存在一定上限的。上述案例表明，100% 的定投收益率是不容易达到的，8 年的时间只触及一次。在此不妨假定，如果整个定投计划执行至一半时，定投收益率最高值为 99%，但并不满足止盈卖出的条件，投资者只能选择继续持有，但接下来的另一半定投时间，基金定投收益率急转直下，当整个定投计划到期时，其收益率可能会再次回到原点。

这种情况在现实中是很可能会发生的，因此止盈点的设定位置一定要适可而止，以规避可能出现的风险。

另外，与止盈相对应的便是止损。在基金定投过程中到底需不需要止损呢？在此可以明确告诉投资者的是：不需要！

10.2　坚决不止损

10.2.1　"V"字形与微笑曲线

任何一种市场行情都不可能一直上涨或者下跌，总会存在上下波动。几乎每一次的市场波动都可以形成一个独立的"V"字形行情，即先下跌再盘整最后上涨。如果投资者的投资心态不稳定，在"V"字形行情下跌的区间因一时冲动将基金卖出，那么就会给自身带来无法弥补的投资损失。接下来利用"微笑曲线"原理来解释为什么在基金定投过程中不能止损。

以上证指数2004年4月～2006年11月的走势为例进行说明，如图10-2所示。

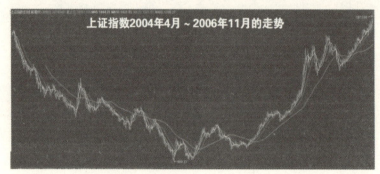

图 10-2　上证指数的行情走势图（2004 年 4 月～ 2006 年 11 月）

假定投资者从2004年4月开始定投，在"V"字形行情中，从开始定投的那一天起，上证指数一直维持下跌状态，持续时间将近一年。在这一年的定投过程中，基金定投的大部分投资者都会因为无法忍受大盘指数无休止的下跌而选择"割肉"出局。其实这种止损是很不明智的，事实上在股票或单笔基金的投资过程中，可以考虑适当止损，而基金定投过程中切不可止损。

原因很简单，基金定投的市场买入价格是动态的。随着市场行情的下跌，其价格会随着行情下跌逐渐降低。如果投资者在图10-3中的方框内的下跌时段进行止损操作，那意味着整个基金定投就是失败的。

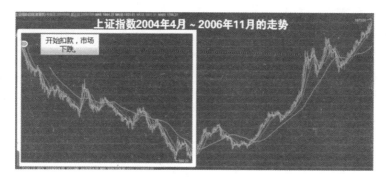

图 10-3　上证指数的下跌时段

如果投资者在大盘指数下跌过程中坚持定投，那就意味着整个基金的买入成本会随着行情下跌而逐渐降低，会持续并充分地摊薄买入成本。基金净值下跌的幅度越大，买入成本就越低，每月同样的扣款金额就可以获得更多的基金份额。

当基金净值下跌到一定程度时，会在低位盘整一段时间，而这一段盘整时段对于基金定投是绝佳的时机。投资者可以在这个盘整区间内以相当低的价位买到更多的基金份额。正是因为基金净值下跌时，投资者一直在保持定投扣款，所以基金定投的成本已经从开始定投时的高价慢慢摊薄到比较低的价位。

大盘行情在经过低位持续盘整之后开始上涨，哪怕只是小幅反弹也会令基金定投扭亏为盈。当基金净值上涨至原来一半位置的时候，基金定投便已实现盈利；如果行情上涨至定投之初的位置，基金定投的收益已达到 50% 以上了。

整个"V"字形行情完整地走下来以后就变成了完整的微笑曲线，如图 10-4所示。

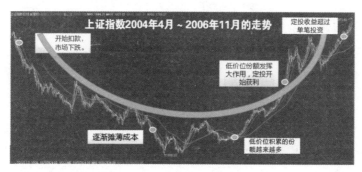

图 10-4　上证指数的"微笑曲线"

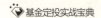

10.2.2 基金净值变化与基金定投收益

以嘉实增长混合（070002）为例。图10-5所示为该基金的净值自2007年10月10日至2010年10月10日的变化情况。

图 10-5 嘉实增长混合的净值变化

从图10-5中可以看出，自2007年10月10日定投开始以来，嘉实增长混合经历了一段持续下滑的行情，一直跌到2008年11月，下跌持续时间超过1年。2008年11月之后，基金净值之前的下跌态势发生逆转并持续上涨，到2010年4月，基金净值上涨至开始定投时的位置。换言之，如果是2007年10月单笔买入的基金，那么到2010年4月刚好回本。

图10-6所示为嘉实混合增长基金的定投收益曲线。从该图可以看出，基金的定投收益在2009年4月就已经站上了零轴，比基金净值回本早了将近一年的时间。

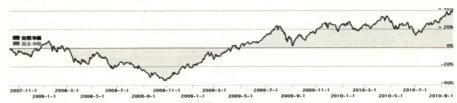

图 10-6 嘉实增长混合的定投收益曲线

为什么基金净值的回本时间与基金定投收益的回本时间存在较大差异呢？其实也不难理解，因为在整个基金净值下跌过程中并没有终止定投，随着行情的下跌，定投成本逐步被摊薄。随着基金净值行情的反转，基金定投就会迅速扭亏为盈。当基金净值恢复到开始定投时的高点时，定投收益已经超过40%。

通过对上述两张图的对比，投资者可以发现，在"V"字形行情中基金单笔投资与基金定投收益率之间的差距。换而言之，"V"字形行情对于基金单笔投资是非常不利的，因为很难实现盈利，如果采用定投的方式则要优越得多。

因此，在基金定投过程中，如果遇到下跌行情，应遵循"不止损、不停扣、不卖出"的原则。图 10-7 所示为上证指数 1992 年 3 月 ~ 2016 年 12 月的行情走势。其实如果将上证指数的走势进行分解,就会发现它是由一系列"微笑曲线"组合而成的。

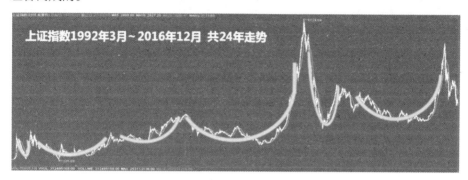

图 10-7 上证指数的"微笑曲线"

接下来对本章内容做如下总结:

第一,在基金定投过程中坚决不止损、不停扣;

第二,定投下跌的时间越长,最终收益就越高;

第三,拥抱负收益,等待大胜利。这就要求定投的投资者具备良好的心态,要从本质上把握基金定投的盈利原理;

第四,涨要开心,跌要更开心。

总之,在基金定投过程中,当定投收益达到止盈点时就坚决卖出;如果没有达到止盈点,无论行情怎么下跌都坚持定投,坚持的时间越长,最后获取的收益就会越多。

第 11 章

制订适合自身的基金定投计划

本章以定投实例的形式对基金定投计划进行讲解。

11.1 常见的定投计划有哪些种类

常见的定投计划包括养老储备计划、子女教育计划、家庭置业计划、理财增值计划和其他娱乐计划等。投资者面对上述几种不同的定投计划，应该如何安排优先级别呢？

在通常情况下，不同定投计划的优先级别如图 11-1 所示。

图 11-1　定投计划的优先级排序

11.1.1 养老储备计划

从图 11-1 可以看出，养老储备计划的优先级最高，其次是子女教育计划，其他依次类推。为什么养老储备计划的优先级最高呢？因为当前养老金资金缺口最大、养老压力最为严重。如果投资者想在60岁退休之后过上悠闲的退休生活，就必须在年轻时就开始储备养老金。

如果你现在的年龄是30岁，那距离60岁退休还有30年的时间，看上去似乎距离当下还很遥远，但退休之后我们还可能存活几十年，如果再考虑到未来几十年之后的物价水平等因素，可以预见的是退休之后的生活压力不会很小。

11.1.2 子女教育计划

除了养老储备计划之外，子女教育问题也是中国家庭必须面对的问题之一。一个正常的工薪家庭支付子女的小学、中学、大学的教育费用应该是没有太大问题的。本部分内容所述的子女教育计划是指专门为子女去境外学习或出国留学所花费的教育储备金。

如果现在告诉大家，利用基金定投计划从孩子小时候就开始慢慢积累，每月只需花费几百元甚至几十元，就可以在孩子高中毕业时储备够去境外学习或出国留学的资金，给即将高中毕业的孩子更多的选择。

除了养老储备计划和子女教育计划之外的另外几个定投计划就不再展开阐

述了，接下来会以案例的形式对相关定投计划进行讲解。

11.2 基金定投计划中涉及的主要因素

在制订一个完整的基金定投计划之前，投资者还要了解基金定投计划中涉及的主要因素，主要包括目标、时间、金额、周期、标的、渠道、计划。在此以养老储备计划为例，对上述主要因素分别进行说明。

1. 目标

第一，目标是什么？养老储备基金定投计划的目标首先就是为了让我们能够在退休之后获得更体面的退休生活。第二，实现目标需要多少钱？关于这一点完全可以通过一定的计算方法进行准确推算。

2. 时间

投资者距离实施这个目标还有多长时间？比如张三现在的年龄为 30 岁，假定他 60 岁正式退休，那么距离退休还有 30 年的时间。如果李四当下年龄只有 20 岁，他就有 40 年的时间用来准备实现这个目标。一般而言，当下距离退休的时间越长，每年需要投入的资金量就会越少。

3. 金额

所谓的金额是指每次或每期用于基金定投的钱是多少（如果从现在开始进行与养老储备计划相关的定投）。拿多少钱来做基金定投最合适，最佳的选择是每月结余资金的一半。

部分年轻的投资者可能会说，每个月的结余有 4 000 元，即便是结余金额的一半也有 2 000 元。但是经过计算，从现在开始每个月只需要投入 200 元，即可实现自身的优质养老需求，那么还剩 1 800 元该如何操作呢？

对于这种年轻且每月结余资金较多的投资者，建议可以同时制订多个定投计划，即在制订了养老储备计划之后，还可以按照优先级的排序，再制订子女教育计划、家庭置业计划等。

4. 周期

投资者定投的时间间隔即为周期。对于广大的投资者而言，最好的定投周期是一个月。当然，如果存在收入不稳定或每月收入到账时间不统一的情形，可以选择按半月或每周进行定投。总之，定投频率越高，需要投入的资金量也更大，因为大多数基金的单次投入金额都存在最低门槛。

5. 标的

投资者最终选择的基金定投种类就是所谓的标的。相关的内容在第 1 章中有详细阐述，在此不再赘述。

6. 渠道

投资者实施基金定投计划的渠道很多，比如银行柜台、基金公司官网、第三方基金代销平台。

如果投资者只有一个基金定投计划，最好选择在基金公司官网直接进行定投；如果投资者操作的定投计划较多且并非来自同一家基金公司，建议使用第三方基金代销平台（比如天天基金网）。

7. 计划

如果将上述因素全部组合在一起，便构成了第七个主要因素——计划。计划可以分成两个部分：第一，买入计划即每期的定投计划；第二，卖出计划。

11.3 养老储备计划

11.3.1 制订养老储备计划的必要性和迫切性

截至 2017 年年底，中国 60 岁及以上人口为 2.41 亿，占比为 17.3%，预计到 2050 年中国 60 岁及以上人口将达到 4 亿。

如果你现在还很年轻，那么在几十年之后获得较为宽裕的老年生活并非难事，利用基金定投提前储备养老计划即可轻松实现这一目标。

接下来有几个重要问题需要投资者思考。第一，究竟需要多少资金才能实现退休之后到处旅游的生活呢？第二，投资者应该从什么时候开始定投才能满足退休储备之需呢？第三，如何制订养老储备计划，每个月定投多少金额最合适？

1. 计算资金需求

（1）养老金总需求

养老金需求 = 退休之后的每年花费 ×（寿命 − 60）

以江苏为例，2015 年江苏城镇居民消费水平 37 515.2 元 / 人，退休后收入 / 开支替代率为 70% ～ 80%（按 70% 计算），那么退休夫妻二人每年的基本开销大概是多少？

夫妻二人退休之后的每年平均花费 = 37 515.2 × 70% × 2≈52 521.3 元

（2）通货膨胀

假定夫妻二人的寿命为 85 岁，退休之后还可以生存 25 年，是不是用计算出的 52 521.3 元乘以 25 年就是退休后养老金的总需求呢？显然不是，原因很简单，52 521.3 元的每年平均花费是根据当下的物价水平计算出来的，没有考虑到通货膨胀这个因素。假定每年平均的通货膨胀为 3% 且当下的年龄为 25 岁，距离退休还有 35 年，那么当下的 52 521.3 元的开销在 35 年之后会是多少？

35 年后每年的消费支出 = 52 521.3 ×（1 + 3%）^{35}≈147 786 元

换言之，35 年之后要想达到当前的消费水平，每年的消费支出为 147 786 元。

（3）假定退休之后还可以生存 25 年，那么退休之后的总开销是多少？

退休之后的总开销 = 147 786 × 25 = 3 694 650 元

很多投资者可能会问，为什么退休之前的 35 年时间，需要计算通货膨胀对实际消费开支的影响，那么退休之后的 25 年为什么不再考虑通胀的影响呢？

从理论上说，退休之后的 25 年也应该考虑通胀因素，但考虑到达到退休年龄之后的总开销 3 694 650 元并非一次性全部支出，而是分成 25 年分次支出，尚未支出的金额会以银行存款的形式存在，且每年都会获取利息，这部分利息收益可用于抵御通货膨胀对消费支出实际购买力的部分影响。因此，在计算退休之后的 25 年总开销时就不再考虑通胀的影响了。

经过计算，如果要想在退休之后维持 2015 年江苏省城镇居民平均消费水平，在退休之前需要积累 369 万元资金。当然，除此之外还有退休金、医疗保险、养老金进行必要的补充。实际上在退休之后每年开销的金额可能会远远超过 147 786 元。

2. 估算收益率和定投金额

假定投资者从 25 岁开始基金定投，距离退休还有 35 年的时间。通过上述两个已知的数据即可计算出从 25 岁开始每个月需要定投的金额。

基金定投计算公式中有四个关键因素，分别是最终目标总需求、定投年限、预计定投收益率、每月定投金额。在上述四个因素中，预计定投收益率是估算值，其是投资者根据之前的基金定投业绩和市场正常的收益水平而假定的一个预测值。

（1）不同预定收益率条件下的月定投金额

下表所示为不同预计定投收益率且总资金需求均为 369 万元的条件下，每月定投金额的大小。

方案	资金需求	开始年龄	退休年龄	年收益率	月定投额	备注
1	369 万元	25	60	5.5%	2 903 元	债权基金平均年化收益率
2	369 万元	25	60	8%	1 608 元	上证指数最近十年年化收益率
3	369 万元	25	60	12%	573 元	上证指数最近二十年年化收益率
4	369 万元	25	60	20%	59 元	富国中证红利累计年化收益率

从上表可以看出，上述五种定投方案的资金需求、开始年龄和退休年龄三项条件均相同。在此条件下，月定投金额只与年收益率相关，年收益率越低，月定投金额越高，年收益率越高，月定投金额越低。

可能很多投资者会有疑问，上表中的数据是如何计算出来的？其实这个不难，只需要在基金定投计算器中分别输入相应的条件数据，即可得到每月的定投金额大小。

以汇添富基金为例，打开该基金公司的官网，在上方菜单栏中单击"基金产品"选项卡，在该选项卡偏下方的位置找到"基金工具箱"并单击第二个选项"定期不定额收益计算"，便会进入下一个界面。在下一个界面中的左侧菜单栏中单击"目标收益计算器"，便得到如图 11-2 所示的界面。

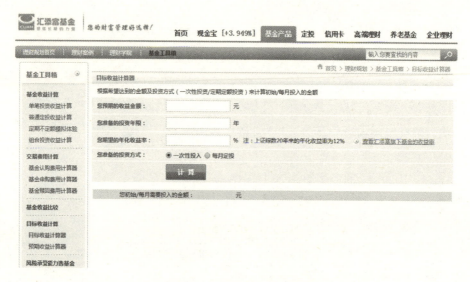

图 11-2　"目标收益计算器"界面

投资者只需在图 11-2 中的空白栏中分别输入"预期的收益金额""准备的投资年限""期望的年化收益率",并选择每月定投,即可计算得出每月需要定投的金额。

从上表中的数据可知,假如定投年化收益率为 5.5%,那么每月定投的金额就是 2903 元。在这种情况下,每月定投的金额还是比较高的,前面的章节中曾经提到过投资者每月用于基金定投的金额最好不要超过每月结余的一半。换言之,每个月的结余资金需要 6 000 元,这对大部分的投资者而言可能是不现实的。

那么 5.5% 的年化收益率是怎么来的呢?众所周知,基金种类繁多,不仅有股票型基金还有债券型基金,而 5.5% 正是债券基金的年化收益率水平。由于债券型基金的年化收益率水平偏低,定投肯定不会选择债券型基金,第一种方案就被排除了。

假定定投年化收益率为 8%,每月需要定投 1 608 元。但总体而言,8% 的定投年化收益率还是太低了。因为投资者需要定投 35 年,从理论上来说定投年限越长,定投的年化收益率应该越高。

假定定投年化收益率为 12%,这是上证指数最近 20 年的年化收益率。在这种情况下,每月只需定投 573 元即可实现目标。

假定定投年化收益率为 20%,这是富国中证红利指数基金自成立以来的累计年化收益率，如果投资者选择该指数基金，每月只需定投 59 元就可以实现在 35 年后获得 369 万元的收益。

投资者面对上述几种不同的情形，究竟选择哪一种或哪几种情况最合适？在此建议投资者最好选择第三种情形，因为第三种情形既有实现的可能性，每月的定投负担也不是很重，对于投资者而言比较合适。当然，即便是第三种情形，要实现在 60 岁时获得 369 万元的预期总收益，有一个前提必须要具备，那就是定投年限一定要足够长。如果投资者今年已经 55 岁，距离退休只有几年的时间，那如此低的每月定投额是没有意义的。

（2）既定年化收益率条件下的月定投金额的比较

有年龄稍大的投资者可能会问，上述实例的定投者年龄只有 25 岁，如果现在已经 40 岁，距离退休只有 20 年的时间，那么应该如何进行基金定投呢？

图 11-3 所示的是年化收益率为 16% 但定投开始年龄不同时的月定投金额。

方案	资金需求	开始年龄	退休年龄	年收益率	月定投额
A	369万元	25	60	16%	189元
B	369万元	35	60	16%	943元
C	369万元	40	60	16%	2137元
D	369万元	45	60	16%	4995元
E	369万元	50	60	16%	12612元

图 11-3　定投开始年龄不同条件下的月定投金额

图 11-3 中的五个方案的资金需求都是 369 万元，但是定投开始年龄存在差别，分别为 25 岁、35 岁、40 岁、45 岁和 50 岁，退休年龄、年化收益率等条件均相同，最后一列的月定投额随着开始定投年龄的增加而大幅增加。

其实，图 11-3 中的数据并非十分合理，原因很简单，60 岁退休之后的 369 万元的资金需求是以 25 岁开始定投得出的数据。如果投资者的年龄已经 50 岁，并开始为自身制订退休计划时，资金需求肯定大大低于 369 万元，因为只需要考虑十年之内的通货膨胀即可得出退休时的资金总需求。假定其退休之后能存活 25 年，具体的资金总需求可以根据前文所述的公式计算得出，计算方法不再赘述。

之所以在图 11-3 中将资金需求统一为 369 万元，是因为想让投资者明白制订养老定投计划的迫切性。年龄越大，每月定投需要付出的金额就越多，年龄越小，每月定投需要付出的金额就越少，另外越早开始养老定投，定投的时间就越长，定投的年化收益率可能也会更高。

11.3.2　制订具体的养老储备基金定投计划

与定投方案相关的主要因素已经在前面的章节中有过阐述，它们分别是目标、产品、金额、时间、周期、渠道和计划。

为了便于广大投资者的理解，在此以案例的形式进行讲解。

（1）定投目标是"夫妻二人退休金补充储备计划"。

（2）定投标的是富国中证红利指数增强（100032）。

（3）定投时间选定从 25 岁~ 60 岁。

（4）扣款金额和扣款周期设定为每月 16 日扣款 600 元。

（5）定投申购渠道选择基金公司官网或第三方基金销售平台（比如天天基金网）。

（6）制订具体的定投策略。具体如下，在退休之前定投基金账户只进不出，分红方式选择"红利再投资"，退休之后的分红方式改为"现金分红"，优先使用分红做养老开支，如不够用则按需赎回本金；如果定投标的指数的平均市盈率 < 12，则按期定投，如果市盈率 < 8，则加码定投，如果 12 < 市盈率 < 18，则暂停定投，如果市盈率 > 18，则分批赎回（每月每次赎回 10% 的份额）。

值得一提的是，在赎回时每月照常扣款，赎回后的资金暂存在债券基金内，指标恢复后再逢低介入。基金定投最初五年内不必采用上述策略。为什么呢？因为每月定投的金额只有 600 元，前五年所有的定投资金累加起来也很少，即获得的基金份额较少，这段时期基金净值的波动并不会对整体的定投收益产生很大影响。

另外，如果有年终奖、意外之财、闲置资金时可优先参与该项定投。为什么要优先参与养老定投计划呢？因为养老定投是所有定投计划的重中之重。

上述案例所展示的内容就是一份完整的定投策略和方案，如果大家严格按照这个方案来执行，一定能为自身打下坚实的退休养老基础。

11.4　子女教育定投计划

子女教育应当说是中国家庭非常重视的问题之一，为子女储备非常规的教育资金，也是很多家长，在孩子年龄尚小的时候，就应该开始着手的一件事情。本节所述的子女教育定投计划并非针对孩子上小学、中学、大学所需的费用开销，而是为子女准备的非常规教育费用。所谓非常规的教育需求主要包括高中或大学毕业之后去境外学习或出国留学的费用等。

11.4.1　子女教育定投需要多少资金

根据 2016 年《泰晤士》最新的世界大学排名，FAIRFX（旅行货币兑换公司）基于每年的学费和生活费，统计了全球部分地区的留学费用，如图 11-4 所示。（1 英镑 ≈8.43 元人民币）

留学费用最高的十个目的地		
排名	国家或地区	年花费/万英镑
1	澳大利亚	2.7277
2	新加坡	2.5566
3	韩国	2.5309
4	美国	2.3592
5	英国	2.1
6	中国香港	2.0721
7	加拿大	1.9323
8	阿联酋	1.8957
9	瑞士	1.52
10	日本	1.4897

留学费用最低的十个目的地		
排名	国家或地区	年花费/英镑
1	印度	3630
2	俄罗斯	4450
3	丹麦	5862
4	墨西哥	6130
5	西班牙	6633
6	比利时	6728
7	中国	6954
8	中国台湾	6975
9	芬兰	6998
10	法国	7129

图 11-4　留学费用最高的十个目的地与留学费用最低的十个目的地

1. 所需的子女教育储备金

图 11-4 中的年花费是指生活费与学费的总和，单位是英镑。以英国为例，每年的花费 2.1 万英镑左右，换算成人民币大概是 17.7 万元，留学时间一般是三年，三年的费用总和便是 53.1 万元。

投资者可以根据子女现在的年龄得出预计出境学习或留学的年龄，在考虑通货膨胀的前提下算出彼时留学所需资金。假定孩子现在 2 岁，19 岁留学英国，那么 17 年之后留学所需资金大约是多少（假定通货膨胀率为 3%）？

17 年后留学所需费用 = 531 000 × （1+3%）^{17}≈877 662（元）

换言之，我们需要在 17 年之内通过子女教育定投计划实现 877 662 元的教育储备金。

2. 预期年化定投收益率与月定投额

假定资金总需求为 88 万元（877 662 四舍五入所得），在不同预期年化收益率的条件下，每月定投的金额分别是多少？请看下表。

方案	资金需求	开始年龄	退休年龄	年收益率	月定投额	备注
1	88 万元	2	19	5.5%	2 616 元	债权基金的平均年化收益率
2	88 万元	2	19	8%	2 038 元	上证指数最近十年的年化收益率
3	88 万元	2	19	12%	1 330 元	上证指数最近二十年的年化收益率
4	88 万元	2	19	20%	521 元	富国中证红利累计年化收益率

从上表可以看出，资金需求同样是 88 万元的条件下，定投方案的预期年化收益率不同，其每月定投的金额存在很大差距。如果选择 12% 的年化收益率，每月定投的金额为 1 330 元，如果年化收益率能够达到 20%，那么每月定投的金额只需 521 元。

11.4.2　制订具体的子女教育定投计划

与养老储备基金定投计划类似，子女教育定投计划也需要分别从定投目的、定投产品、定投执行时间等方面进行分析。

在此还是以案例的形式进行阐述。某子女教育定投计划的具体情况如下。

（1）定投目的：子女留学或创业储备金。

（2）定投产品：易方达上证 50 指数 A（110003）。

（3）定投执行时间：从 2012 年 2 月开始，至该笔资金使用时为止。

（4）扣款金额：每月 16 日扣款，每次扣款金额 800 元。

（5）定投申购渠道：基金公司官网。

（6）定投执行策略：第一，分红方式采用红利再投资。第二，上证指数低于 3 000 点时加码投资，位于 3 000 ~ 5 000 点时正常定投；5 000 点以上分批赎回；赎回时每月正常扣款；赎回后的资金暂存债券基金内，指标恢复后再逢低介入 110003 基金。第三，若临近资金使用期时遇到微小曲线末端行情，可提前赎回并结束定投。

关于上述第三点该如何理解呢？请看图 11-5。

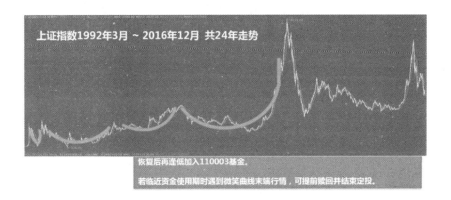

图 11-5 上证指数走势图

从图 11-5 中可知，上证指数的走势图其实是由很多条 "微笑曲线" 组合而成。当投资者能初步判定到底什么时候会使用这笔定投资金时，但恰好这段时期处于 "微笑曲线" 的尾部区域。此时，投资者可以选择结束基金定投，提前锁定定投收益。

11.5 置业定投计划

置业定投计划指的是为了买房而实施的基金定投计划。如果投资者非常清楚地知道什么时候需要买房、大致需要多少资金，那么该计划就与养老定投、子女教育定投大体相似，但在现实中却很难做到。因为购房置业往往不取决于过去制定的目标，即在哪一年买房，而是取决于房地产市场行情的变化。

为了便于理解，还是采用案例的形式对置业定投计划进行阐述。某置业定投计划的具体情况如下。

（1）定投目的：主要用于购房置业。

（2）定投产品：申万菱信量化小盘股票（163110）。

（3）定投执行时间：自定义，因为置业定投本身就是买房置业的一种辅助储蓄手段。

（4）定投金额：自定义，因为没有必要强制自己每月必须拿出多少钱用于置业定投。置业定投计划就相当于一个储蓄罐，投资者可以把暂时不用的钱都投进去，在真正需要用钱时再把这部分资金拿出来。

（5）定投申购渠道：基金公司官网。

（6）定投执行策略：第一，分红再投资；第二，设定止盈点为20%，到达止盈点后全部赎回（赎回的资金分为两部分：本金保留作为逢低加码的储备，收益部分用于投资优质股票）；第三，为了博取更高收益，可适当穿插单笔加码操作。

通过上述定投策略可以发现，置业定投计划与养老储备计划和子女教育定投计划存在较大差别。置业定投策略存在频繁的买卖和赎回，正因为如此，选择基金公司官网作为申购渠道会更合适，因为基金公司官网大多都存在转换功能，手续费很低甚至免手续费。

11.6　年终奖定投计划

从本质上说，年终奖定投的表述并不准确，它们只是使用了定投的手段让年终奖不断增值而已。

为了便于理解，还是通过案例进行说明。某年终奖定投计划的具体情况如下。

（1）定投目的：充分利用定投策略让年终奖最大程度增值。

（2）定投产品：南方优选成长混合 A（202023）。

（3）定投执行时间：长期滚动定投。

（4）扣款周期：年终奖均分 12 份后的份额，选择每月 10 日扣款。

（5）定投申购渠道：第三方基金销售平台或基金公司官网。

（6）定投执行策略：第一，选择红利再投资；第二，将每年年终奖或其他额外奖金均分为 12 份，每月定投一份（没有定投的部分暂放在债券基金或货币基金中）；第三，将止盈点设定为 30%，若到达止盈点则全部赎回。赎回资金如果超过 3 万元则分成 30 份并另投新基金，不足 3 万元则均分为 12 份并进行滚动定投，未使用部分暂存在债券基金中。

11.7　小目标或无目标定投理财计划

小目标或无目标定投理财计划已经不算是真正的定投计划，而是一种理财方式。接下来将通过案例对该类定投理财计划进行阐述。

（1）定投目的：统一管理零散资金。这就相当于家庭中的一个"存钱罐"。

（2）定投产品：优选定投门槛低的基金。

（3）定投执行时间：滚动定投。什么时候手上有闲钱，就往里面投一部分，什么时候需要钱就赎回部分该基金。

（4）扣款金额：零散资金 / 不定期扣款，主动申购。投资者无须为此制订定期扣款计划。

（5）定投申购渠道：第三方基金销售平台。

（6）定投执行策略：第一，红利再投资；第二，充分发挥聚沙成塔的效应，把零散小额资金及时申购、定投入指数基金。设立较低的止盈点，若达到止盈点则赎回，之后将资金用于新的基金定投或去实现自己的小目标。

11.8　执行定投和记录定投过程

投资者应严格按照定投策略执行投资计划。在定投过程中，投资者应记录每个月的每笔扣款。第一，有利于养成良好的定投习惯；第二，便于后期分析定投成果，进而增强定投信心。

图 11-6 所示为某家庭子女教育定投计划的详细记录。

子女教育定投计划记录

定投标的：**易方达恒生国企ETF联接A（110031）**。
扣款定投日期金额：每周二扣款250元。
说明：主要投资H股指数。
1.前期只进不出，盈利收益率高时可以适当增加买入金额。
2.盈利收益率＞10%按期定投。
10%＞盈利收益率＞6.4%时 保持持有。
6.4%＞盈利收益率时，分批赎回（每月每次赎回10%的份额）。

日期	操作	当日净值	成本均价	定投金额	获得份额	持仓盈亏率	当日盈利收益	累积投入金额	现有市值	估值	备注
2016-6-7	买入	0.9109	0.9109	250	274.12	0.00%	14.08%	250	250	底估	首次定投
2016-6-13	买入	0.88	0.8871	1000	1135	-1.16%	14.73%	1250	1250	底估	当日大跌追加1000
2016-6-14	买入	0.8768	0.8871	250	281.82	-1.16%	14.77%	1500	1485.5	底估	
2016-6-21	买入	0.8914	0.8866	250	280.12	1.52%	14.70%	1750	1776.6	底估	
2016-6-24	买入	0.8779	0.8825	2000	2275.4	-0.46%	14.32%	3750	3730.6	底估	当日英国脱欧大跌追加2000

图 11-6　某家庭子女教育定投计划

从图 11-6 中可知，该子女教育定投计划的开始日期是 2016 年 6 月 7 日，定投标的是易方达恒生国企 ETF 联接 A（110031），定投策略以盈利收益率为参考目标。

具体而言，当盈利收益率 > 10% 时，按期定投；当 6.4% < 盈利收益率 < 10%时，保持持有状态；当盈利收益率 < 6.4% 时，分批赎回。

2016 年 6 月 7 日，第一次开始执行定投，每周定投金额 250 元。按常理，下次定投时间应为 2016 年 6 月 14 日，但是图 11-6 中显示 2016 年 6 月 13 日有一笔额外的资金投入，金额为 1 000 元，远高于常规的定投金额。为什么呢？请看图 11-7。

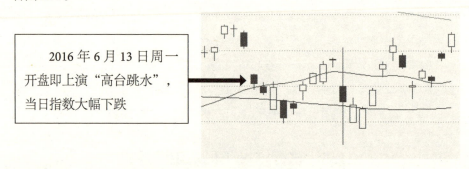

2016 年 6 月 13 日周一开盘即上演"高台跳水"，当日指数大幅下跌

图 11-7　香港恒生指数日线走势图

上述这种在常规定投的基础上利用特殊行情进行穿插操作的手法可有效摊薄基金净值的买入成本。从图 11-6 中也可以看到，与 2016 年 6 月 7 日相比，基金定投的成本已经由原来的 0.9109 元摊薄至 0.8871 元。

除此之外，图 11-8 显示，2016 年 6 月 24 日投资者再次在非常规定投日大幅买入，当日香港恒生指数因为英国脱欧再次大幅下跌并跌破 20 000 点整数关口（如图 11-8 所示）。

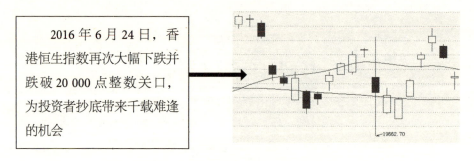

2016 年 6 月 24 日，香港恒生指数再次大幅下跌并跌破 20 000 点整数关口，为投资者抄底带来千载难逢的机会

图 11-8　香港恒生指数日线走势图

投资者应该对自身的基金定投数据进行适时记录，因为它非常重要。坚持定投的同时坚持记录，这是一个很好的习惯。

第 12 章

实用定投专题

本章通过六个专题分别讲解投资者在定投过程中经常遇到的六个问题。

12.1　养成良好的投资心态

如果没有一个正确的投资心态和科学的投资观，任何人都无法做好基金定投。一般情况下，定投时间越长，所产生的收益就会越高。如果投资心态出现问题，很难长期坚持定投，投资收益自然也就好不到哪里去。

图12-1所示为基金净值波动曲线。

图 12-1　基金净值波动曲线

其实图12-1中的基金净值的波动曲线是由两条"微笑曲线"拼接而成，相关分解如图12-2所示。

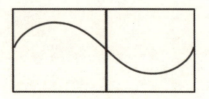

图 12-2　基金净值波动曲线的分解

从图12-2中可知，基金净值波动曲线的右侧是"正微笑曲线"，左侧是"反微笑曲线"。很明显，右侧的"正微笑曲线"比较适合基金定投，左侧的"反微笑曲线"不利于定投。但是在实际投资过程中，大部分投资者似乎更愿意在左侧定投，因为这部分投资者认为在基金定投的开始即可获取定投收益。持这种看法的大都是普通投资者。

面对基金净值的波动，普通投资者与有经验的投资者的投资心态存在很大差异。图12-3所示为在基金净值波动的过程中，普通投资者心态的变化过程解析。

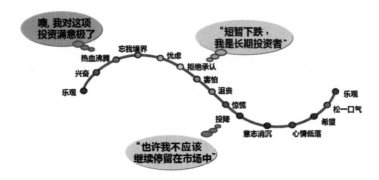

图 12-3 普通投资者心态的变化过程

相比图 12-3 所示的普通投资者心态，有经验的投资者的心态则很稳定。首先，有经验的投资者眼中的最高点并非利润的最高点，而是风险的最高点。随着基金净值的不断上涨并达到最高点，普通投资者已经开始"忘我"，而有经验的投资者则认为此时的风险可能达到最大，此时的选择应该是卖出而不是大幅加仓。

其次，面对基金净值行情的最低点，有经验的投资者会认为这也是风险的最低点，此时的选择不是离场观望而是加码定投。

通过对普通投资者和有经验的投资者的心态对比可以发现，普通投资者眼中只有收益，因此总是"追涨杀跌"；有经验的投资者眼中从来都是风险与收益并存。正如沃伦·巴菲特所说：当别人恐惧时贪婪，当别人贪婪时恐惧。

12.2 动态扣款

为了让读者清楚地了解动态扣款的操作方法，在此通过案例进行说明。图 12-4 所示为嘉实增长混合（070002）2007 年 10 月 10 日至 2010 年 10 月 10 日的净值走势图。

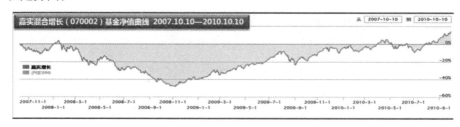

图 12-4 嘉实增长混合的净值走势图

从图 12-4 中可知，这段时间内嘉实增长混合的净值走势正好呈现出"V"字形。

现在就来分析一下在"V"字形曲线中如何通过动态扣款来获取比常规"定期定额"扣款更高收益的操作方法。

"动态扣款"是与"定期定额"扣款相对的一种定投方式。它包括定期不定额、定额不定期或既不定期也不定额等具体。如果采用既不定期又不定额的扣款方式能否获取更高的收益呢？接下来介绍三种动态扣款的方案。

第一种方案：如果定投收益为正，正常扣款；如果定投收益为负，适当增加定投，具体的扣款金额可以设定为原扣款额的 N 倍（N 可以设定为 1.2 或者更高）。

比如说，投资者之前每个月的定投金额为 1 000 元，随着行情的持续下跌，定投收益变成负值，此时可以将每月的定投额乘以 1.2 即定投 1 200 元。为什么要增加每月的定投金额呢？原因显而易见，基金净值持续下跌过程中，增加每月的定投金额可以获取更多的基金份额。

第二种方案：如果定投收益为正，则正常扣款；如果定投收益为负，则可根据不同情况分别处理。具体如下表所示。

如果基金净值为负	定期扣款金额
基金净值下跌 10%	原定期扣款额 ×1.2
基金净值下跌 20%	原定期扣款额 ×1.5
基金净值下跌 50%	原定期扣款额 ×2

第三种方案：如果定投收益为负，增加扣款次数或单笔买入增加；如果定投收益为正，可逢大跌追加；如果遭遇股灾或恐慌行情，则选择大笔加码。

12.3 如何进行逢低加码

当基金净值的行情走势经过前期的大幅下跌进入低谷时，投资者可以考虑拿出单笔资金进行加码定投。只有少数具有投资智慧的人才会看到低点的投资机会，他们不仅会选择在低点进入市场，而且还会不断增加资金的投入量。

在选择逢低加码投资的过程中，有如下几个问题：第一，如何判定准确的加码点位？第二，逢低加码的力度如何？第三，如何确定逢低加码的次数？第四，一旦行情发生反弹，逢低加码是否应该考虑退出？第五，如果要撤出资金，应该怎么撤？

1. 设定跌幅，确定加码点位

关于逢低加码的时间节点的选择，对于不同投资风格的投资者而言，具体的操作方法存在差异。接下来分别就激进型和保守型投资者进行说明。

激进型或者资金量比较大的投资者，可以将基金净值的跌幅设定得低一点。比如，基金净值下跌 15% 或 20% 即开始加码定投。当基金净值跌到 30% 时选择再次加码。如果行情进一步下跌，还可以继续加码。对于资金量较大的投资者而言，这种加码方式意味着加码的次数更多，成本也得到较大幅度的摊薄。

如果属保守型、稳健型或者资金量较少的投资者，则可以将基金净值跌幅设定得更高。比如，只有当基金净值下跌 25% 或者 30% 时才开始加码定投。

将加码定投设定的临界值越大，实际行情实现的可能性越低。这个道理应该不难理解，基金净值下跌 100% 的概率肯定比净值下跌 20% 的概率要低得多，有可能终其一生也不会出现。反之，加码定投临界值设定得越低，加码定投越有用武之地。

2. 设定加码比例或加码金额

第一种方法：固定比例法。每次加码的金额可设为本次定投累计投入金额的三分之一、四分之一、五分之一。如果资金量比较大，建议设定为三分之一。

假定某投资者的定投周期刚满三年，他每个月的定投金额是 1 000 元，三年累计定投金额则为 36 000 元。如果基金净值下跌触及加码临界值，对于资金量较大的投资者，可以选择三分之一进行加码定投，即 12 000 元。如果资金量较小，可以选择累计定投金额的更小比例加码定投。固定比例法定投投资者在实战中需将加码策略量化，增加执行的可操作性。

第二种方法：固定金额法。它是指当基金净值的下跌触及加码临界值时，将每次加码的金额予以固定。比如每次加码 2 000 元。

相比之下，固定金额法肯定不如固定比例法科学，因为随着投资者定投时间的不断增加，定投累计投入的资金增长，一旦触及加码临界值，加码资金量也会相应增加，这对摊薄定投成本更为有利。

3. 行情上涨之后该如何撤出

在经过前期定投加码之后，投资者应该如何撤出加码的资金？

（1）如果投资者选择不撤出，而是继续定投，那么后期的收益极有可能会更高。原因很简单，前期加码的资金量并不小，而且选择加码的位置较低。另外，投资者可以为加码定投设定止盈点。

比如，投资者张三在 2017 年 1 月单笔加码定投 20 000 元，加码定投时基金净值为 0.80 元，虽然说短期之内张三并不需要这笔钱，但赎回只是时间问题。那么如何赎回呢？他单独为这笔加码定投设定了一个止盈点，即当基金净值达到 1.20 元时选择卖出。

（2）如果投资者想及时撤出，该如何操作？投资者可以选择基金净值为正时一次性撤出，或者分批卖出加码资金，同时将收益部分留下继续滚雪球。

12.4　滚动再投资

如果投资者通过止盈赎回基金并获利 80%，那么这笔定投赚的钱该如何处理呢？应当说滚动再投资才是正确的选择。

1. 滚动再投资 A——维持原有的定投逻辑

虽然之前的定投计划已经到期，但是扣款仍在继续，定投计划并没有因此终止。如果将之前定投的收益和本金取出，现在的重点则是考虑这笔已经取出的本金和收益该如何处理。

投资者可以选择维持原有的定投逻辑。即完全复制原来的定投计划，唯一改变的只是定投的日期而已。

在此，建议投资者应定时、定额入场，观察定投收益率，寻找合适的低点，适时单笔加码操作。因为有了上一轮定投的经历，投资者的投资能力和风险承受能力都有所提高，收益也会更加稳定。

2. 滚动再投资 B——可投的资金更多

比如，以前每个月的定投金额是 3 000 元，但是由于赎回定投收回了大量现金，此时可以在原有基础上单月定投加码。除此之外，投资者还有一部分赎回资金暂时存放在银行里，随时准备进行单笔加码定投。

正是由于单月可投资金量的增大，在收益率水平保持不变的情况下，定投的获利总量肯定要大得多。

3. 逢低加码 C——增加新的投资渠道

与前面两种方式相比，这是一种风险较高的滚动再投资方式。

具体而言，若投资者将之前定投赎回的资金用于定投其他基金，最好选择与原基金相关性较低的新基金。另外，如果之前赎回的定投资金量较大，也可以不进行基金定投，而是考虑一些门槛比较高的其他投资产品。

总体而言，这种投资方式的风险相对较高。如果投资者将定投到期之后的本金和收益全部赎回，之后就本金部分继续制订一个新的定投计划，收益部分则直接用来投资股票。这种投资方式和投资理念就是标准的保本型基金的操作方式。

【知识链接】保本型基金的投资方式

保本型基金首先会将整个基金投资于收益率稳定的产品，以获取稳定的利息收益，然后将赚取的利息收益再投资于风险较高的投资产品，比如股票。这样才能达到保本的目的，因为即便投资股票部分的利息收益全部亏光，基金的本金依然毫发无损。

12.5 正确认识基金分红和分红方式

很多初次接触基金定投的投资者都非常关注基金是否有分红，甚至产生了到底是选择在基金分红之前还是分红之后开始基金定投等诸多疑问。其实，投资者根本无须关注这个问题，因为基金分红并没有想象中那么诱人。

从本质上来说，基金分红并不是基金公司给投资者的奖金或红包，只不过是把原本就属于投资者的收益从"左口袋"转移到了"右口袋"。

1. 基金分红的方式

基金分红主要有两种方式：现金分红和红利再投资。

大部分基金公司的基金产品都将"现金分红"作为默认的分红方式。所谓"红利再投资"则是指将投资者获得的红利继续用于对该基金的投资，结果便是投资者对基金的持有份额增加，但由于持有基金的总资产量没有改变，因此基金净值必然就会减少。

接下来通过实际案例进行阐述。假定不考虑基金定投的申购费、赎回费、管理费等相关交易费用，只考虑投资者持有的基金份额。

【案例解析】基金分红的两种方式

假如某基金的单位净值为 2 元 / 份，如果某投资者持有 50000 份该基金，即该投资者拥有该基金的资产为 100 000 元。该基金制订了最新的分红方案，每份基金分红 1 元，表面上该投资者可以获得 50 000 元的分红收益。

但是在分红之后，该基金净值大幅下跌，下跌的幅度与基金分红的数额相等。由于上述基金每份分红 1 元，因此基金的单位净值也下降 1 元。换言之，分红之后基金单位净值变为 1 元 / 份。

①如果采用现金分红的方式，分红之后投资者拥有的基金份额还是 50 000 份，但每份基金的净值已经下跌为 1 元，基金资产总额为 50 000 元。除此之外，投资者银行卡里则多出了 50 000 元现金红利。投资者的总资产并未发生任何变化。

②如果采用红利再投资的方式，即基金公司将分给投资者的红利进行再投资，投资者拥有的基金份额就会由原来的 50 000 份变为 100 000 份，由于基金的单位净值为 1 元 / 份，其拥有的总资产还是 100 000 元。

上述情形尚未考虑申购费，这时，不论是现金分红还是红利再投资，投资者既没有获得实质的分红收益，也没有发生亏损。

但如果考虑申购费，那投资者实质上是亏损的。比如，投资者用 100 000 元申购了 50 000 份基金净值为 2 元 / 份的基金，申购费率 1.5%，申购费即 1 500 元。但是定投第二天，基金公司便开始进行现金分红，每份基金分红 1 元。由于投资者拥有 50 000 份基金份额，所以在分红实施之后 50 000 元的现金红利便打入其银行账户。这相当于投资者用 1 500 元申购费得到的基金总额只有 50 000 元而非 100 000 元。

2. 基金分红对投资者的潜在影响

上述内容详细阐述了基金的两种分红方式对投资者基金总额的影响。如果不考虑申购费，则不会对投资者造成实质性的影响，变动的只是投资者的资产持有方式。接下来将通过案例来说明基金分红对投资者的潜在影响。

【案例解析】基金分红对投资者的潜在影响

假定某基金的总规模是 20 亿元，基金的单位净值为 1.8 元 / 份。该基金计划进行一次较大规模的现金分红，每份基金分红 0.8 元，分红完成后基金的单位净值减少为 1 元 / 份，相当于该基金的分红比例大约为 44%。

为了此次分红，基金公司必须将仓位降至原基金总规模的 56% 以下，差不多需要腾出 8.8 亿元的现金用于基金分红。如果基金公司在降低仓位的过程中正好遭遇牛市行情，显然 56% 的仓位对基金投资者而言是一种损失。原因很简单，股票仓位越低，最终的收益也越少。

值得注意的是，基金公司的分红公告都是在分红资金完全到位之后才正式对外公布。换言之，当投资者知道基金公司要进行分红时，基金公司的仓位调整已然完成，基金投资人的利益在不知不觉之中便已经受损。除此之外，一旦基金公司发布分红公告，大量不明真相的基金投资人就会蜂拥而入，都想在正式分红之前买入基金，其实这是没有任何意义的。

3. 基金公司为什么要分红

中国的基金投资者普遍存在"基金恐高症"，大多数投资者都不喜欢单位净值高的基金产品。如果摆在他们面前的两只基金产品，其中一只的单位净值为 0.8 元 / 份，另一份基金的单位净值为 2 元 / 份，大多数的投资者恐怕都会选择前者，因为 0.8 元 / 份的单位净值看上去要"便宜"得多。

其实基金净值的高低对基金收益几乎不产生任何影响。单位净值高在一定程度上说明该基金的历史业绩表现较好；反之，单位净值低的基金的历史业绩往往比较糟糕。

基金公司对投资者偏好低单位净值基金的情形了如指掌，但凡基金净值出现一定程度的上涨，便会考虑进行基金分红。

因此，单位净值高的基金反而应该是投资者的首选。一只基金的净值高主要是由两方面的原因造成的：第一，其历史业绩优秀导致基金净值大幅上涨；第二，其分红少。

基金公司之所以会选择分红，不外乎三方面的原因。第一，迎合基金投资者的心理；第二，降低基金单位净值；第三，吸引新资金的申购。

投资者应对基金分红的唯一正确方法就是选择"红利再投资"。